AU PEUPLE

PAR

HARISPE

PARIS-AUTEUIL

IMPR. DES APPRENTIS-ORPHELINS — ROUSSEL

40, RUE LA FONTAINE, 40.

—

1887

AU PEUPLE

AU PEUPLE

PAR

HARISPE

PARIS-AUTEUIL

IMPRIMERIE DES APPRENTIS-ORPHELINS — ROUSSEL

40, RUE LA FONTAINE, 40.

1887

AU PEUPLE

C'est pour le peuple que j'écris ce livre : c'est sa plainte que je porte à la connaissance de mes concitoyens.

Homme du peuple moi-même, j'ai connu ses blessures, j'ai senti ses souffrances, j'ai passé par sa misère.

Les malheurs de mon temps m'ont fait entrer plus avant dans les tribulations de mon pays, et mes malheurs personnels m'ont fait connaître ceux du peuple.

J'ai appris jeune à souffrir ; la souffrance a été le seul héritage que mon père m'ait laissé en quittant cette terre.

Souvent j'ai demandé qu'on voulût écouter ma plainte ; parce que je pensais qu'elle aurait un écho dans les cœurs amis, et ceux qui se disaient mes amis ont été sourds à ma voix, et leur cœur n'a pas compris le mien, parce que j'étais pauvre, et que je ne pouvais rien pour eux. Tant que je n'avais pas besoin de leur secours, ils étaient empressés à me faire des promesses ; ils composaient, en ma présence, des airs de pitié mais sitôt que je leur tendais la main, ils retiraient la leur et ils me regardaient froidement.

Alors je me suis détourné des hommes pour m'adresser à Dieu.

Et j'ai regardé autour de moi, et j'ai vu qu'il en était ainsi du peuple. J'ai vu qu'on abusait de lui par de vaines promesses, et que, lorsqu'il s'agissait de réaliser les choses promises, on le laissait se nourrir du pain de ses larmes, et de sa misère.

J'ai vu qu'on cherchait à le séduire et à le perdre en faisant retentir à ses oreilles des mots qui lui mettent l'enthousiasme au cœur, des théories vides de sens, qui l'arrachent à Dieu, à l'Eglise et à la famille : seules réalités qui peuvent consoler et soutenir le peuple ici-bas.

Et j'ai été indigné, et j'ai poussé vers le peuple le cri de l'avertissement et de l'amour.

Que Dieu bénisse mon œuvre et que le peuple soit sauvé !

Paris, le 22 décembre 1879.

I

Un homme entra dans le temple de Dieu pour y prier. Il y demeura longtemps; et peu à peu le silence profond, la sainte et discrète obscurité du Saint-lieu, lui faisant oublier ses propres pensées, il se sentit insensiblement élevé au-dessus des choses de ce monde, au-dessus de lui-même.

Et tandis qu'il s'élevait, il entendit une voix qui disait : « Monte encore jusqu'au trône de Dieu, écoute et vois. »

Et aussitôt regardant du côté d'où partait la voix, il vit un océan de lumière, et au sein de cet océan lumineux, un livre gravé en lettres d'or, et ouvert sur les ailes des anges. C'était le livre de la vie. Et un peu sur la gauche, au sein des tourbillons de flammes et de fumée, il distingua un autre livre gravé en lettres de feu, et porté par Satan. C'était le livre de mort.

Et un ange, aux ailes d'azur, descendit, prit le livre de vie dans ses mains, et le portant avec un saint respect, le présenta aux regards étonnés de l'homme ravi.

Et celui-ci se prit à le lire, avec une avidité telle, qu'il semblait n'avoir rien lu de plus beau. Et c'était la doctrine du Christ ; le saint Evangile. Et la lecture en était si douce, si bienfaisante au cœur et à l'âme, que l'homme de Dieu ne pouvait point s'en lasser.

Et il s'arrêtait souvent, en songeant aux hommes qui n'aiment pas ce livre et qui ne le comprennent pas, et il versait d'abondantes larmes.

Cependant, sur la voix de l'ange, il fut détourné du livre saint. Il entendit comme des clameurs sortant des abîmes éternels : « A nous, disaient-elles, à nous le monde, à nous les plaisirs et les fêtes, à nous les jeux et les ris, à nous la foule des humains. »

L'homme de Dieu fut interdit à tous ces cris menteurs : il regarda du côté de l'ange comme pour implorer secours et protection.

Et l'ange le prit par la main, le fit descendre d'abîme en abîme dans les profondeurs les plus insondables, où Satan vomit le blasphème.

Et aussitôt l'esprit des ténèbres, sortant de son ombre, parut de nouveau, avec son livre de mort, et en déroula les funestes feuillets.

L'homme de Dieu trembla de tous ses membres, et sa frayeur et son effroi furent si grands que si l'ange ne l'eut point soutenu, cela aurait suffi pour lui donner le coup de la mort.

Mais l'ange veilla sur lui et le releva comme il défaillait, et grâce à son aide il put entreprendre cette lecture si différente de la première.

Et c'était le livre de l'impiété et du blasphème, le livre qui renferme toutes les doctrines que l'enfer, comme un volcan impur, jette sur la surface de la terre pour en étouffer les habitants.

Parmi toutes ces doctrines se trouvaient celles que l'on répand aujourd'hui pour la ruine et la mort du peuple.

Et le matérialisme avec ses doctrines abjectes, et le spiritualisme qui dessèche, et le rationalisme menteur, et la morale évolutionniste, qui détruit toute morale, et la négation du Christ, et son reniement et sa trahison et sa mort renouvelée par l'impiété moderne. Tout était écrit dans ce livre ; tout, jusqu'aux doctrines révolutionnaires qui en découlent, et dont les conséquences fatales mènent à la barbarie, à la lutte fratricide des hommes pour s'affranchir les uns des autres.

A cette vue l'homme de Dieu détourna ses regards, et l'ange comprenant qu'il ne pouvait plus lire sans mourir, ferma le livre de mort et le jeta dans l'abîme.

Il lui montra encore le livre de vie, comme pour ranimer son courage, et lui dit : « C'est là le livre qui donne la vie aux peuples, la paix aux États et l'immortalité aux hommes. » Et lui montrant l'autre livre perdu au sein de l'abîme, il ajouta : « C'est là le livre qui trouble le monde, et plonge les hommes dans les ténèbres et l'ignorance, ronge et ue les peuples les plus forts. »

« C'est celui-là qui sauve ; c'est celui-ci qui perd. Celui-là est sage et plein de douceur, il réveille dans le cœur l'espérance et l'amour.

« Celui-ci est plein de venin ; chacune de ses pages fait des ruines, et brise le cœur des hommes par le désespoir et la haine.

« Malheur ! malheur aux peuples qui lisent ce livre. Les hommes y trouveront le germe de toutes les convoitises, de toutes les passions et de tous les désordres.

« Les femmes y puiseront aussi toutes les semences de mort, et leurs enfants mal à l'aise leur déchireront les entrailles, et elles mettront au monde, non pas des hommes mais des monstres. »

Cela dit, le ministre du Très-Haut baisa le saint Évangile et l'emporta jusqu'au pied du trône de Dieu, et le déposant avec respect près de l'Agneau immolé, il s'élança d'un coup d'aile dans les cieux, et chanta : « Gloire à Dieu qui a fait ces merveilles pour le salut des hommes. » Et les phalanges saintes répétèrent en chœur : « Gloire à Dieu qui a fait ces merveilles pour le salut des hommes... »

Et soudain la vision disparut, et l'homme qui avait prié se trouva seul au pied du saint autel. Il se prosterna la face contre terre et comme épuisé par tout ce qu'il avait vu et entendu. Tout-à-coup, une voix sortit du tabernacle qui lui dit : « Lève-toi et va dire aux hommes ce que tu as vu et senti ; qu'ils sachent discerner le vrai du faux, la doctrine de mort de celle qui donne la vie. »

Et l'homme fidèle à la voix de son Dieu se leva, et plein de ce qui s'était accompli en lui, il écrivit ces choses.

II

Et du fond de la Germanie, il vint un homme tout couvert de haillons. Ses yeux étaient égarés, de longs cheveux blancs flottaient sur ses larges épaules, et sur sa poitrine toute haletante, on lisait ce mot : science. Et ce vieillard marchait en tous les sens, comme si sa tête ne le gouvernait pas: et il convoquait auprès de lui, au son d'une clochette, tous ceux que l'oisiveté tient toujours prêts, pour tout vent qui bruit, et pour toute sottise humaine qui se fait jour.

Et toute la foule, hommes, femmes, vieillards, enfants, se groupaient autour du vieux fou et ils disaient : « Allons entendre ce vieillard ; c'est un sage que Dieu nous envoie. »

Et le vieillard, la Science, monta sur un tréteau, et de sa voix rauque il jeta ces paroles sous forme de sentence :

« L'homme sage ne doit croire que ce qu'il voit. Toutes les choses qui ne sont pas accessibles à l'expérience ne peuvent point exister. Il n'y a de vrai, de réel, que la matière. »

Or, lui dit un enfant lutin : « Je ne vois pas votre pensée, encore moins votre esprit et votre vertu. Donc nous ne devons croire, ni à votre pensée, ni à votre esprit, ni à votre vertu. »

Et la foule se prit à murmurer: « C'est vrai, ce vieux là est fou. » Et de murmure en murmure on en était venu aux menaces de mort, lorsqu'un homme, appelé Etat, vient saisir l'enfant, qui ne voulait pas voir la pensée du vieillard, et son esprit, et sa vertu. Et pour étouffer sa voix importune il l'enferma au nom de la liberté.

Et la foule atterrée, mais toujours curieuse se tut.

Et le vieillard triomphant, non par la force de son esprit, mais par celle de la brute qu'il préconisait, reprit de plus belle :

« La pensée et l'esprit, ce sont des propriétés de la matière qu'on ne saurait nier parce que tout corps placé dans telle ou telle condition en est pénétré. »

« Mais, dites nous, fit un maître du village, pourquoi la pierre n'a pas d'esprit et de pensée ? Vous devez savoir cela, vous ; car vous y croyez : et, vous y croyez, parce que vous l'avez expérimenté. Quelle condition faudrait-il à la matière, pour qu'elle eût l'esprit et la pensée ? »

Et le maître du village allait continuer ; mais un geste menaçant de la Force, le contraignit à se taire.

Et le vieillard répondit : « La pierre n'est pas un corps qui ait des organes, et qui ait la vie. Il faut d'abord que la matière soit organique et animée, pour qu'on y découvre la pensée et l'esprit. »

« Mais alors, dit un savant, le chien a des pensées, pourriez-vous nous dire comment, elles tombent sous votre expérience ? »

1.

Et la force était là, tenant la foule en crainte et lui imposant le silence.

Et le vieillard reprit : « La bête a des instincts, mais non des organes assez parfaits pour que la pensée et l'esprit s'y trouvent. »

« Comment donc, ajouta le savant, avez-vous expérimenté le degré de perfection requise, pour qu'une matière organique ait l'esprit et la pensée ? »

Et la force tenait toujours la foule prête à bondir ; mais toute force est lâche. Elle n'osait point s'en prendre à l'homme qui parlait si haut et luttait si bien avec le vieillard.

Et le savant dit encore au vieillard : « Vous dites qu'il ne faut croire qu'à ce qui tombe sous l'expérience, et que la pensée et l'esprit sont des propriétés de la matière. Mais il y a des pensées distinctes les unes des autres, il y a des pensées basses, des pensées élevées, des pensées sublimes. Vous y croyez. Les avez-vous expérimentées ? Sont-ce encore des propriétés des matières basses, élevées ou sublimes ? Et l'idée de l'Infini y croyez-vous. »

Et le vieillard poussé à bout, répondit : « L'idée de l'Infini, je ne sais ce que c'est, je ne l'ai pas. »

« Tu mens, vieillard, tu mens, reprit vivement l'homme courageux. Tu sais, ce que c'est que l'idée de l'infini. » Tu l'as dans ton cœur, et tu y crois. Tu sais ce qu'est une pensée basse, une pensée élevée, une pensée sublime ; et tu y crois. Et toutefois tu n'as pas pu mettre l'idée de l'Infini, ni l'idée élevée, ni l'idée sublime, dans le creuset de ton laboratoire, pour les analyser. Tu les as fait dissoudre seulement dans ton cœur au feu des passions qui te dévorent. Va, vieux fou, conter ailleurs tes tristes rêveries : quant à nous, nous avons d'autres idées de la nature humaine, et, c'est grâce à elles que nous te laissons suivre ton chemin. »

Et le vieillard, pâle et défait, descendit de son tréteau, confus et honteux, et la foule se dispersa, jetant sur lui et sur la Force, un regard de pitié et de mépris. Et quelques jours après, la force armée s'était introduite dans la demeure de l'homme du peuple, qui n'avait pas voulu se laisser tromper, au nom de la science. Et il fut enfermé pour toujours, au nom de la liberté.

III

Le vieillard de la Germanie ne se laissa pas vaincre pour si peu. Accompagné de la force qui était sa seule raison et sa seule logique, il parcourut les villes et les cités jusqu'à ce qu'enfin, il eut découvert, au plus bas de l'échelle sociale, un peuple, assez dégradé pour subir la tyrannie de sa doctrine.

Et ce peuple enivré de ses victoires d'un jour sur les princes et les rois de la terre, crut que le temps était venu de s'affranchir de la Divinité.

Il applaudit à la voix du vieillard qui s'asseyait à sa table et buvait à sa santé.

Or, un jour, il y eut un grand tumulte à la taverne. C'était la fin d'un banquet, que le vieillard avait offert aux siens, pour préparer leur esprit à ses leçons.

Et tous criaient d'une commune voix : « Buvons à la mort des rois, au triomphe de l'anarchie et du socialisme. Plus de Dieu ! plus de société, plus de famille, plus rien, si ce n'est l'homme libre comme la bête qui erre dans les campagnes et les bois. »

Le moment était propice. Quand les passions repues par la boisson, ont étouffé la raison ; que la pensée se traîne terre à terre, comme l'oiseau dont on a rompu les ailes, on est prêt à subir toute doctrine quelque dégradante qu'elle soit.

Et alors donc tous ces hommes se mirent à crier : « Parle, vieillard, parle sans crainte, tu n'as ici que des disciples. »

Ce disant ils le prirent dans leurs bras et placèrent sur une table.

« Mes frères, dit le vieillard, assez longtemps les rois ont conjuré contre nous et nous ont imposé une doctrine qui favorisait leur pouvoir contre notre liberté.

Nous avons renversé les rois et brisé leur couronne : mais nous n'avons encore rien fait : il faut détruire la doctrine du Christ qui veut toujours imposer au peuple l'autorité royale, comme un écoulement, une image de Dieu, et pour cela il faut détruire Dieu : car Dieu, c'est le premier roi du monde.

Et aussitôt tous se mirent à crier : « C'est vrai, Dieu est le premier roi du monde, tant qu'il vivra, la royauté ne sera pas éteinte. »

Et le vieillard reprit : « Mes frères, il ne s'agit pas de vouloir renverser d'un coup ce monument de la doctrine divine, que six mille ans n'ont pas suffi à édifier. Il ne s'agit pas d'arracher Dieu du cœur de l'homme par la violence.

« Aujourd'hui nous avons un moyen infaillible, c'est la science. La science mène le monde. La science guide l'homme dans des voies sûres, et l'arrache à toutes les poétiques mais vaines illusions dont on a bercé son enfance. »

Et tous les disciples se levèrent et dirent encore : « C'est cela ! détruisons Dieu par la science. »

« Je vous remercie, mes frères, de l'enthousiasme avec lequel vous accueillez mes paroles ; mais je ne saurais assez vous recommander la modération et la prudence. N'allons pas dire, tout de suite, et sans phrases : Dieu n'est pas : on ne nous écouterait pas. Voici, ce que la sagesse m'inspire. Quand on nous dira : que pensez-vous de Dieu ? Nous répondrons : L'homme ne reconnait que ce que la science enseigne.

« Or la science ne s'occupe pas de Dieu : car Dieu c'est l'invisible, et l'invisible n'est pas du domaine de la science. L'expérience est son unique méthode. Analyser, décomposer, comparer des faits, voir, palper, voilà ce qu'il lui faut pour parler d'une chose. On ne voit pas Dieu, ni l'âme, on ne les pèse pas, on ne les mesure pas, on ne les touche pas ; donc la science n'a rien à voir en cela.

Et alors le tumulte recommença de plus belle : « Vieillard tu es notre maître, disent quelques voix, vieillard, tu es notre maître, nous te suivrons partout, jurons tous de marcher avec la science s'écrie le chef de la troupe. » Et tous jurèrent de mettre Dieu hors la science.

Dieu existe-t-il ? je ne sais. La science ne s'en occupe pas et je marche avec la science.

Et tous dirent en buvant : « La science ne s'occupe pas de Dieu, ni nous, non plus. »

Et le vieillard enhardi, ivre d'idolâtrie, poursuivit encore.

« Il n'en va pas seulement ainsi de Dieu, mes frères, mais aussi de tout ce qui touche à Dieu.

Les questions de l'origine et de la fin des choses sont hors du domaine de la connaissance humaine, et par conséquent ne peuvent pas diriger les esprits dans la recherche, les hommes dans la conduite, les sociétés dans le développement. L'origine des choses, nous n'y avons pas été ; la fin des choses nous n'y sommes pas : nous n'avons donc aucun moyen de connaître ni cette origine, ni cette fin. Ce n'est donc pas Dieu seulement ; mais tout ce qui tient à Dieu qu'il faut rejeter. »

Cela dit, le vieillard se tut. Il descendit de sa tribune et il prit du vin. En ce moment, tous les hommes se levèrent et ils se mirent à hurler.

« Buvons à la mort des rois, au triomphe du socialisme et de l'anarchie. Buvons au renversement de Dieu. Plus de Dieu, plus de société, plus de famille, plus rien, si ce n'est l'homme, l'homme libre comme la bête dans les campagnes et les bois. »

IV

Dieu, notre Père, pardon ! ! Ce ne sont plus des enfants qui parlent, mais bien des monstres. Ils n'ont rien de la raison dans la tête, rien du fils dans le cœur. Du haut de ton trône inaccessible, tu dois sourire de mépris à la vue de ces insensés, qui vivant dans tes bras, nient ton existence !

Tu leur donnes le pain de tous les jours, le souffle de tous les instants, et ils disent que tu n'es pas

Tu leur as donné la vie et ils prétendent qu'ils la tiennent de la matière. Tu leur promets les cieux et ils regardent la terre. Ils ne peuvent point faire le moindre mouvement que tu n'en sois le principe et le terme, et ils se déclarent indépendants.

Dieu, notre Père, pardon pour ce pauvre peuple ; ce n'est pas lui qui est coupable : il n'est que bête ou insensé.

Si le troupeau beuglant se jette à travers la campagne et en dévore les moissons dorées, espérance du laboureur, ce ne sont pas les bœufs et leurs pareils qui sont coupables, mais bien le pâtre qui les conduit.

O Père, tes enfants sont ce troupeau, que des pâtres d'enfer lancent dans le champ des vérités que tu as semées par le monde, comme des étincelles de ta divinité.

Daigne, ô Père, ne pas frapper tes fils, mais bien les ramener en tes voies.

Confonds les pâtres furieux auxquels le souverain mal commet la garde et la conduite de ton troupeau.

Assis sur ta montagne, assuré de ta gloire et de ta majesté, tu observes ce combat du bien et du mal qui se livre là bas dans la plaine. Tandis que les pâtres du mal s'acharnent à semer le mensonge et la haine, ceux du bien gravissent saintement tes hauteurs en se frappant la poitrine. Ils se disent dans leur découragement ce que les anges de de Babylone vaincus par l'obstination des impies répétaient : « Nous avons travaillé au salut de Babylone et Babylone n'en a pas voulu ; retirons-nous donc et faisons seuls notre chemin vers Dieu. » Un mot seulement, ô Père, et tes fils désolés redescendront dans la plaine armés des feux de ta justice et de ton amour. Et les pâtres de l'enfer seront dispersés.

V

C'était après les grands désastres qui suivirent nos grands malheurs. Une petite fille parcourait les rues de Paris en pleurant et demandant son père :

O vous tous qui passez, disait-elle, avez-vous vu mon père ? Dites moi, l'avez-vous vu ?

Et nul ne lui répondait.

Je fus touché de cette plainte et m'approchant de l'enfant, je lui demandai, comment et dans quelles circonstances son père avait disparu.

Et la pauvre fille se prit à pleurer, puis au milieu des sanglots et des larmes, elle conta d'une voix timide et tremblante ce qui lui était advenu.

Un soir auprès de l'âtre où pétillaient quelques sarments, mon père me prit dans ses bras. Il approcha du feu mes membres froids et nus et me serrant sur son cœur il poussa des soupirs que je ne comprenais pas.

Et de temps en temps, il s'arrêtait à me regarder et à m'embrasser, et alors, jetant ma tête sur son sein, je le regardais à mon tour et je l'embrassais.

Quelquefois, m'inondant de ses caresses et

me couvrant de ses regards, il disait : « Oh ! ma pauvre petite Marie bientôt tu seras seule, dans ce foyer et moi je combattrai pour la liberté. »

Et puis il se levait brusquement, et il ajoutait avec animation : « Voici l'heure de l'affranchissement voici l'heure où il faut briser les chaînes, sur la tête des oppresseurs. Malheur, malheur à ceux qui ont tenu si longtemps le peuple dans les fers ! Malheur à ceux qui l'ont trompé ! »

Et puis mon père reprenait le calme, il me mettait de nouveau sur ses genoux et s'écriait avec douleur :

« Eh quoi ! je laisserais ma fille, pour livrer ma vie à une cause qui peut-être n'est pas juste. »

Et son regard avait cette fixité que donnent l'effroi et la tristesse, et il murmurait avec des sanglots dans la voix :

« Oh ! mon enfant ! ma pauvre enfant, pourquoi n'as-tu pas ta mère ? Elle prendrait du moins soin de tes jours..... Mais Dieu ne l'a pas voulu. Il a des desseins sages et sacrés, qu'il nous faut adorer en pleurant.

« C'est la main qu'il nous faut baiser, quand elle nous frappe, presser amoureusement sur les lèvres quand elle nous brise. Dieu, ma fille, en t'enlevant ta mère, t'a donnée plus à moi, afin que je sois à mon tour plus complètement à toi.

« Non, non, je ne te laisserai pas seule par le monde. Que deviendrais-tu ? Non, je ne combattrai pas. Qu'importe la liberté ? Qu'importe l'affranchissement ? Mieux vaut vivre pour toi, mon enfant, que mourir pour des mots que l'on entend et pour des promesses menteuses, qui nous enivrent un jour. »

Ce disant, mon père pleurait amèrement et il me pressait encore plus fort sur son cœur, dont je sentais les battements ; et il me contemplait, et il me caressait de ses mains, et il me baisait sur le front et il me tenait la tête contre la sienne, et toujours il soupirait.

« Tes yeux, ma fille, me rappellent ta mère, ta bouche est la sienne, tes traits sont la reproduction vivante de ses traits, et je ne puis te considérer, mon enfant, sans me sentir ému, jusque dans le fond de mon âme, sans éprouver pour toi des sentiments que je ne puis dire. Oh ! ma pauvre petite Marie, rien au monde ne pourra m'arracher à toi. Je suis à toi, et tu es à moi. Dieu le veut ainsi. »

Et mon père parlait encore, et il m'embrassait et je l'embrassais, quand tout-à-coup, des cris furieux se firent entendre près de la porte. « Citoyen ! voici l'heure de l'affranchissement et de la liberté. Lève-toi, prends tes armes et sors de ta demeure. »

Et mon père se leva en poussant un long soupir et m'embrassa encore. Et, ce fut pour la dernière fois !

Oh ! vous qui passez, et qui savez bien des choses, avez-vous vu mon père ? dites-moi ? l'avez-vous vu ?

Infortunée victime ! cesse de demander ton père à toute ombre qui passe. Ce sont les prétendus apôtres qui prêchent partout la discorde et la tyrannie au nom de la liberté et de l'affranchissement, qui l'ont ravi à ton amour. Va le chercher dans les ateliers ténébreux, où ils forgent la haine au nom de la fraternité. Interroge-les, demande-leur ce qu'ils ont fait de ton père et ce qu'ils vont faire de toi ! Et s'ils ne te répondent pas, prends courage, et lève tes yeux en haut : car le Père du ciel veille sur toi, et il ne délaisse jamais ses enfants dans le besoin !

VI

Et alors le père qui avait abandonné sa fille prit du vin dans un verre et le but.

Et cette boisson lui montant à la tête, l'exalta pour la liberté, et lui donna la soif du sang.

« Où sont les oppresseurs et les tyrans ? » s'écria-t-il, et on lui montra ses frères et ses bienfaiteurs, et il arma son fusil.

Le canon qui grondait au loin, la fusillade qui était de plus en plus nourrie, l'incendie et le massacre mirent la férocité dans l'âme de cet homme, tout-à-l'heure si tendre.

Et il s'avança pour tuer ses frères et ses bienfaiteurs.

« Allons, citoyens ! s'écriaient ceux qui l'avaient arraché à sa fille. Mort aux tyrans ! et vive la liberté !

« Les voilà qui s'avancent ceux qui égorgent dans le secret nos femmes et nos enfants. »

Et leurs bras désignaient au loin les hommes de Dieu, qui recueillent les orphelins et consolent les affligés.

Et leur joie redoublait à la vue de ces victimes de la fureur.

Et tout-à-coup, ils poussèrent un cri terrible, le cri de la bête fauve qui tient sa proie dans ses griffes.

« A mort ! à mort, les oppresseurs ! »

Et les hommes de Dieu levèrent les yeux au ciel, et bénissant le peuple qui les voulait immoler, ils offrirent pour lui leur propre vie.

Et leur sang monta jusqu'au trône de Dieu.

Il apaisa sa justice, et délivra le peuple du mensonge qui opprime au nom de la liberté.

VII

Et je vis un homme dans les fers, triste et comme courbé sous le poids d'une angoisse indicible.

De temps en temps, il jetait au ciel un regard profond, comme s'il eut voulu atteindre et toucher le cœur de Dieu, d'un cri de son âme, déchirant et navré.

Et se tournant vers ceux qui l'entouraient et qui partageaient ses peines, il leur dit :

« A quoi nous a servi notre dévouement pour la liberté et l'affranchissement ; puisque nous sommes dans les fers et dans une captivité plus dure que toutes nos souffrances d'autrefois ?

« Nous avons voulu secouer le joug d'une légalité sage et modérée et nous voilà dans les fers !

« Nous avons cherché par les armes la liberté et le bonheur que nous promettaient les rongeurs de peuple et nous sommes dans la plus dure captivité et dans la plus profonde misère.

« Malheur à ceux qui nous ont trompés ! Malheur à ceux qui nous ont arrachés aux douceurs de notre foyer pour nous mettre en armes au service de leurs passions.

« Ils nous ont dit que nous étions opprimés, bien que nous fussions libres et heureux, nous avons eu foi en leurs promesses, et nous nous sommes crus opprimés.

« Ils nous ont excités contre ceux qui nous faisaient du bien, en nous les montrant comme nos tyrans, et ce sont eux-mêmes qui nous ont conduits à la servitude la plus cruelle et à la tyrannie la plus honteuse.

« Et tandis que nous sommes dans les fers, ils jouissent de la liberté et de la fortune; et, du faîte élevé, où ils sont montés par nous, ils se rient de notre misère.

« Ah ! qu'ils soient maudits, ceux qui nous ont trompés, qu'ils soient maudits pour toujours!

« J'avais une fille que j'aimais de toutes les tendresses de mon cœur, et ils m'ont arraché à elle, me promettant le bonheur pour elle et pour moi.

« Où donc est-elle ma pauvre petite Marie ?

« J'étais si heureux de la voir, de la prendre dans mes bras, de l'inonder de mes caresses.

« Je me sentais vivre auprès d'elle, et quand je souffrais, son souvenir et sa vue suffisaient à calmer mes souffrances.

« Elle était toute ma joie, tout mon bonheur, tout mon bien : je n'avais qu'elle au monde ; elle n'avait que moi.

« Et maintenant, elle est seule, seule dans le monde, où il n'y a que méchanceté et que misère.

« Oh ! mon Dieu que va devenir ma pauvre petite Marie !!

« Vous du moins, Seigneur ! soyez avec elle.

« Mon Dieu, l'injustice des hommes a forgé ces liens qui ensanglantent mes membres, et je ne verrai plus l'enfant que votre bonté m'avait donnée, pour me soutenir dans la vie, car mes forces m'abandonnent et mes jours déclinent.

« Dites-moi, ô mon Dieu, s'il est une autre vie après celle-ci, et s'il me sera donné de voir ma fille auprès de vous ? »

Ce disant, l'homme dans les fers, inclina sa tête pleine de tristesse, et se prit à sangloter.

Et comme il soupirait très fort, l'aumônier qui passait, s'arrêta. Il regarda du côté d'où partaient les soupirs et les pleurs, et il en fut touché.

Il entendit les plaintes du malheureux, et comprenant toute l'immensité de la douleur qui accablait son âme, il lui dit :

« Mon ami, Dieu est juste et miséricordieux. Il ne trompe pas dans ses promesses comme les hommes.

« Et il nous a promis une vie après celle-ci.

« Elle sera heureuse si nous avons bien fait dans ce monde.

« Elle sera malheureuse si nous avons mal fait, et si nous sommes sans repentir d'avoir manqué à Dieu, à notre frère et à nous-même : mais je crois que, pour vous, elle sera heureuse, mon ami. Vous y verrez Dieu face à ace, vous y verrez votre enfant et vous l'aimerez, et vous le posséderez dans le bonheur pour l'éternité : car le bonheur et la liberté, et l'égalité, dont on vous a tant parlé pour votre perte, ne se trouvent qu'au ciel. »

Et le pauvre malheureux sentit la joie et le calme renaître en son cœur. Semblable au matelot qui perdu dans l'océan, par un ciel de tempête, se console et se réjouit en voyant le soleil percer la nue et lui promettre le salut, le malheureux captif fut rassuré dès qu'il vit le doux rayon de l'espérance qui lui montrait la patrie, Dieu et sa fille. Et il se leva avec transport pour se jeter aux pieds de l'homme qui lui avait dit ces choses, et il les embrassa, mais celui-ci, le releva aussitôt, et le pressant avec amour, sur son cœur, il l'appela son frère.

Et l'homme du peuple dans les fers, soulevant ses chaînes, de ses bras décharnés, gonflant sa poitrine, comme pour satisfaire, un besoin de son cœur, poussa ce cri : « Mes frères dans la souffrance, vous avez entendu les paroles de ce prêtre, pauvre et homme du peuple comme nous. »

Et tous reprirent : « Oui, nous les avons entendues et elles nous soutiennent comme toi. »

« Eh ! bien, mes frères, c'est lui qu'on accuse d'être notre oppresseur : c'est contre lui qu'ont aboyé du haut de la tribune, tous ces rongeurs de peuple qui nous ont conduits ici.

« C'est contre lui qu'ils nous excitaient, parce que lui nous voulait libres et heureux, et qu'eux nous tenaient captifs et misérables dans l'esclavage de leurs intérêts, et de leurs passions.

« Et nous nous sommes levés comme un troupeau de bétail sous l'aiguillon dont ils pressaient notre chair, et nous avons tué les prêtres du Christ.

« Ah! malheur à ceux qui nous ont trompés. Dieu est juste, et il fera justice prompte et complète. »

Et alors ce fut un bruit de fer, un murmure de malédictions dans tout le lieu de la captivité.

Et le peuple captif secouant ses chaînes, leva ses bras au ciel et fit appel à sa justice disant : « Que Dieu fasse justice prompte et complète. »

VIII

Tandis que le peuple chrétien, le peuple qui garde une fidèle amitié pour ceux qui ne sont plus, se porte en masse sur les tombes, il est des hommes indifférents qui continuent leurs travaux, en ce jour, sans songer à leur père, à leur mère et à leurs frères.

Or, de tous ces hommes, il en était deux qui creusaient la terre dans une des rues de

Paris ; et comme ils creusaient toujours, l'un d'eux découvrit une tête, et il la montra à celui qui travaillait avec lui.

Et tous les deux furent émus ! Je ne sais quoi de triste passa sur leur front et dans leur âme.

Et laissant tomber leurs bêches, ils s'arrêtèrent à considérer cette tête.

Et les cloches semblaient prendre un son encore plus lugubre, et elles disaient : « Hélas, il n'est plus de pitié pour moi ; j'ai marché dans l'iniquité et je suis tombé dans l'abîme.

Oh ! vous tous qui passez par ce chemin, fuyez l'iniquité, fuyez l'impie, qui porte le blasphème sur les lèvres : il vous donnerait la mort. »

Et les deux hommes se regardant se dirent : « Comme c'est triste. Bientôt nous
« serons-là, nous-mêmes, à la place qu'il
« occupe !... Qui sait ce qu'il adviendra de
« nous !!! Celui-ci sans doute était un de ceux
« qui ont été égarés par les passions fu-
« rieuses, et qui ont voulu combattre pour la
« liberté !... A quoi cela lui a-t-il servi !...

« C'est là tout ce qui reste de cet homme
« qui avait peut-être une femme et plusieurs
« enfants !

« Mais s'il est une autre vie, quelle place
« Dieu lui a-t-il donnée ? »

Et les cloches disaient encore :

« Hélas ! il n'est plus de pitié pour moi, j'ai marché dans l'iniquité et je suis tombé dans l'abîme !! »

Et l'un de ces hommes reprenait : « Entends-tu cette cloche ? comme c'est triste !! Elle a un son qui semble une plainte, mais une plainte sans espoir ! Oh la mort ! la mort ! comme c'est triste !!

« Les prêtres nous disent bien des choses sur le ciel, l'enfer et le purgatoire ; si tout cela n'existe pas, il ne nous adviendra rien après la mort ; mais si c'était vrai !!! »

« Oui, mon ami, il faut que ce soit vrai, l'homme ne finit pas en sa mort. Il y a quelque chose qui me dit en moi-même, qu'il existe une autre vie. Ne le penses-tu pas aussi ? »

Et l'autre reprit à son tour : « Nous vivrons, mon frère ; mais je crois aussi que justice sera faite dans la vie des morts, justice prompte et sans remise, que la vraie égalité, qui doit être établie, ne le sera que là, et que la liberté et la fraternité qui en émanent n'existeront qu'en cette vie de justice. Si donc nous méritons quelques biens, Dieu qui est juste, nous les donnera ; mais si nous pratiquons l'in-justice envers nos frères, quand, surtout, ils nous ont fait du bien, qu'adviendra-t-il de nous ?»

Et les cloches disaient encore :

Hélas ! il n'est plus de pitié pour moi, j'ai marché dans l'iniquité, et je suis tombé dans l'abîme !

Et les deux hommes abandonnèrent leur travail et s'en allèrent, disant : « Oh que c'est triste ! ! Si c'était vrai !!!

« Marchons, mon frère, dans la justice afin d'arriver à la gloire et d'éviter l'abîme. Ne nous laissons pas séduire par ceux qui voilent l'éternité, pour réduire notre vie dans les misères du temps, et par ceux qui, sous prétexte de nous donner la liberté, nous soumettent à l'esclavage de leurs passions. »

Et les cloches disaient toujours :

« Oh ! vous au moins, qui êtes de nos amis, ayez pitié de nous !! »

Et encore : « Hélas ! j'ai marché dans l'iniquité, et je suis tombé dans l'abîme !!! »

IX

C'est pour l'homme du peuple que le culte des morts est une consolation. Le pauvre qui n'a pas en partage les biens de ce monde tourne toutes ses affections vers les êtres chéris qui sont toute sa richesse.

La famille est le terme de tous ses désirs, et ni ses pensées, ni son cœur ne vont au delà.

Comme l'oiseau sur le nid abrite ses petits sous ses ailes, et leur donne la chaleur sans s'inquiéter du vent et de la tempête qui agitent la branche où il repose, ainsi l'homme pauvre s'assied calme et joyeux au foyer domestique, et couvrant de sa tendresse ses petits enfants, il ne s'inquiète pas de ce qui se passe autour de lui.

Mais vient le vautour ravisseur qui enlève le père et la mère des enfants, et dans les airs on entend des cris perçants et l'agonie des oiseaux.

Tant qu'on n'arrache pas le pauvre à son foyer, il y trouve sa paix, sa consolation et sa joie : ses enfants suffisent à le satisfaire. Il est heureux de les posséder, de les grouper autour de lui-même au milieu des tourments qui l'assaillent de toutes parts.

Mais sitôt qu'on l'arrache à ces cœurs de son cœur, il gémit sous le poids intolérable de sa misère et il succombe.

Parfois Dieu frappe le père, dans le plus intime de son âme en enlevant à son amour paternel un de ces êtres chéris, qu'il aime et qui le retiennent en ce monde ; et alors, navré et comme blessé dans son vol, il porte sa plaie ouverte tout le long du jour, sans rencontrer une main qui la puisse fermer. Et il ne trouve sa paix et le calme du cœur que sur la tombe de son enfant.

D'où lui vient ce besoin, si ce n'est de ce qu'il voudrait jouir encore de lui et qu'il ne peut se résoudre à lui faire un dernier adieu.

Et au plus fort de sa détresse, le prêtre frappe à la porte de sa chaumière. Le pauvre se jette dans ses bras comme dans le sein d'un ange consolateur. Et l'homme de Dieu, pour toute consolation, lui dit que son enfant vit et qu'il le reverra pour le posséder à jamais, dans le royaume assuré des félicités éternelles.

Et le pauvre se relève, soutenu par la douce perspective de cet avenir heureux. Il se sent vivre. Et la foi soulevant le voile qui sépare les deux mondes lui ménage de mystérieux et doux entretiens avec son enfant et son Dieu.

Ainsi il vit heureux, parce qu'il sait le bonheur de son enfant et qu'il le retrouve par le cœur et la pensée, chaque fois qu'il s'élève à Dieu.

Ainsi il meurt rassasié de jours et plus heureux encore : parce qu'il va revoir et posséder Dieu et son enfant dans la gloire.

L'homme pauvre trouve donc sa consolation dans le culte des morts, parce que ce culte a pour objet ce qu'il a de plus cher au monde ; mais les méchants qui n'aiment pas le pauvre, cherchent à lui arracher ce culte de l'âme et à étouffer en lui son amour pour sa famille, afin de le réduire plus facilement au service de leurs passions. Que le peuple n'ait ni femme ni enfant, afin que nous puissions l'attacher à nos idées, et qu'aucune autre attache, quelle qu'elle soit, ne puisse prévaloir sur nous en son cœur. Il en doit être ainsi, pour que nous puissions en faire ce que nous voudrons.

C'est là le principe inavoué qui pousse le méchant à se faire l'ami du peuple, ami perfide, mais séducteur.

Et le peuple donne, tête baissée, dans les embûches du serpent qui le flatte, et il est conduit à l'instar de la brute sans raison, qui n'est sensible qu'aux appétits grossiers de ses sens.

Levez-vous donc, vous tous qui êtes déjà tombés dans les pièges, et secouez d'une main énergique le joug pesant que vous imposent ceux qui se disent vos amis.

Si le despotisme est intolérable quand il pèse comme un joug de fer sur la tête des hommes, combien plus intolérable sera-t-il quand, pour le rendre plus lourd et plus durable, on voudra persuader au monde, que ce despotisme est la garantie assurée de toutes les libertés, et que le peuple n'est pas mal à l'aise de se sentir les flancs pressés et les rênes tendues, pourvu qu'on le presse, qu'on le retienne et qu'on l'abaisse au nom de la liberté.

Le premier despotisme est moins dangereux : car sa violence nous garantit sa faiblesse, et partant, sa durée fragile, éphémère.

Le second, au contraire, est plus perfide ! Il s'impose peu à peu et sans secousse avec toutes les douceurs de la liberté, et quoiqu'il abaisse davantage, il se fait moins sentir et prend ainsi un empire plus vaste et plus durable.

X

N'écoutez pas ceux qui vous disent : « Ne faites pas le bien ; le bien consiste à vivre à sa fantaisie et à ne se refuser aucun des plaisirs que la fortune met sous les pas. » Leur esprit est corrompu et leur cœur encore davantage. Ils n'ont pas le courage de faire le bien eux-mêmes, et jaloux de celui que font les autres et honteux de leur impuissance, ils tâchent d'entraîner les autres à faire mal comme eux.

Et à force de les pousser au mal, ils les mettent dans l'impuissance de faire le bien.

Il est rapporté dans la Genèse que le Démon, jaloux du bonheur de l'homme le tenta par ce qu'il y avait de plus faible en lui, par sa femme, et le fit choir par elle dans le crime, et il le perdit et tout le genre humain avec lui.

L'homme impie fait de même. Je ne sais quel ver ronge le cœur du coupable incessamment et le pousse à faire d'autres victimes de ses passions que lui-même ; mais il est certain que le mal a son apostolat infâme, séducteur, apostolat qui a toute la finesse du serpent et les grâces astucieuses de la femme.

Tenez-vous en garde contre les embûches et les grâces de l'ennemi.

L'impie dit sans cesse. « Il n'y a pas d'enfer. L'enfer est une frayeur inventée à plaisir par les prêtres, pour retenir les peuples, par la crainte, sous la tyrannie de leur doctrine. »

Ce n'est pas lui qui parle, ce sont ses passions qui tiennent ce langage ; mais elles mentent à son cœur, comme elles nous mentent à nous-mêmes.

Et pourquoi n'y aurait-il pas d'enfer ? Est-ce parce que Dieu n'existe pas ?

Et alors que faisons-nous ici-bas et qui nous y a mis ?

Quelle est la main qui a jeté dans l'espace ces mondes infinis ?

Quelle est l'intelligence qui a établi, en toute chose, un ordre si parfait, une harmonie si merveilleuse ? Sommes-nous des fantômes que le hasard fait paraître un instant sur la terre ?

Mais qu'est-ce que le hasard, si ce n'est un mot vide de sens ?

Le hasard, c'est le rien, c'est ce qui n'est pas, et je ne sache pas que le rien puisse faire quelque chose.

Oui, Dieu est, vous le voyez partout. Mille voix partent du plus haut des cieux, et des abîmes émus de la mer, pour publier sa gloire et son nom.

Dieu est ; car sa voix se fait entendre dans la conscience humaine chaque fois que l'homme fait le mal.

Dieu est infini dans sa grandeur, aussi

infini dans sa justice que dans ses miséricordes.

Comment pouvez-vous nier la justice infinie sans nier Dieu lui-même ?

L'enfer : qu'est-ce autre chose, si ce n'est la justice divine en exercice.

Depuis quand peut-on refuser à Dieu le droit d'exercer sa justice, sans nier son existence ?

Depuis quand sa justice peut-elle être sans exercice, dès lors que pour la justice, l'exercice est l'être.

Souvent, l'homme gémissant sur la terre s'écrie : « Dieu n'est pas juste. Voyez, je fais tout pour le mieux ; je prie Dieu soir et matin, je vais souvent dans son temple, je ne fais jamais de mal à personne ; j'agis, au contraire, en songeant que je ne dois pas offenser Dieu et toutefois, malgré mes prières et mes larmes, Dieu ne m'écoute pas, et partant rien ne me réussit. Et voilà vingt ans que je traîne sur la terre une existence malheureuse.

« A quoi me sert donc d'être bon et vertueux. Voyez, au contraire, mon voisin, qui est l'homme le plus méchant du monde, qui blasphème incessamment Dieu et ses saints, et vole le plus qu'il peut ses frères. Il ne prie jamais, il ne fait rien qui ne mérite les châtiments les plus justes et les plus sévères, et cependant chez lui, tout marche à souhait; et rien ne me réussit.

« Ah ! vraiment Dieu est injuste !!! »

Et cette plainte est juste, pour celui qui réduit la vie de l'homme en celle d'ici bas, et qui n'a aucune croyance en l'immortalité.

S'il n'y a rien au delà de la tombe, Dieu est injuste, c'est-à-dire il n'est pas : car pourquoi ce pauvre enfant naît-il malheureux, tandis que cet autre naît dans les richesses? Pourquoi tout réussit-il à ce méchant homme? Et pourquoi cet homme vertueux, malgré ses efforts, ne peut-il jamais parvenir à quoique ce soit ?

Oh ! non ! cela est un désordre indigne de Dieu, une criante injustice.

Il faut que l'ordre soit établi, et que justice soit faite. Et je ne vois pas que l'ordre soit établi, et que justice soit faite, ici-bas : loin de là. Partout règne dans la distribution des biens et des maux la plus odieuse inégalité.

Oh mon Dieu ! vous êtes juste et vous mettrez ordre à tout cela dans votre éternité ! Et il y a un enfer pour ceux qui vous blasphèment et trompent le peuple et le perdent.

Il y a un ciel, pour ceux qui font le bien et qui aiment le peuple et le pauvre.

Sans cela, ô mon Dieu, vous n'êtes pas !

Mais tout cela est, et, vous êtes aussi ; et humblement prosterné, je vous adore et vous bénis.

XI

Rassurez-vous, ô vous tous qui portez péniblement le fardeau de la vie !

Vous êtes les malheureux du temps, vous serez les heureux de l'éternité.

A quoi bon se plaindre ?... Il s'agit d'être malheureux quelques instants, pour être heureux toujours.

Un bonheur qui ne doit pas finir, et qui comprend tous les biens, ne vaut-il pas la peine de souffrir des maux qui ne comprennent que quelques maux et qui doivent bientôt finir ?

Ah ! ne vous plaignez pas vous tous qui pleurez ; car vous serez consolés !

Pourquoi vous désoler ? Ne savez-vous pas que votre demeure n'est pas en ce monde, et votre joie et votre repos non plus ?... Ne savez-vous pas que la vie de l'homme est une légère vapeur que le moindre vent emporte et dissipe ?

Pourquoi donc vouloir tout réduire en cette fumée et cet espace d'un jour, pour arriver les mains vides dans la demeure des cieux ?

Oh ! ne vous plaignez pas, vous tous qui pleurez, car vous serez consolés.

Dieu vous fait souffrir, parce qu'il est bon, et ce qui vous parait rigueur injuste de sa main impitoyable, n'est autre chose que l'exercice le plus doux de sa plus juste miséricorde.

Lorsque vous voulez récompenser vos enfants, vous leur proposez un but à atteindre, et plus ils se donnent de peine, pour y arriver, plus les difficultés sont grandes et dures à vaincre, plus aussi est doux et grand le bien que vous leur réservez.

Mais ira-t-on dire que vous êtes cruels et injustes, parce que vous donnez quelques peines à vos enfants, dès lors qu'on sait qu'ils trouveront dans la récompense que vous leur préparez, un ample dédommagement à leurs fatigues et à leurs souffrances ? Non.

Vous êtes des enfants, et Dieu est votre père, et il en agit avec vous, comme vous en agissez avec les vôtres.

Oh ! ne vous plaignez donc pas vous tous qui pleurez ; car vous serez consolés.

Dieu qui est bon et qui vous aime, et qui,

partant, veut vous combler de biens ne le peut pas faire gratuitement, à cause de sa justice.

Il faut pour qu'il vous puisse rendre heureux, que sa miséricordieuse bonté découvre en vous des motifs qui en justifient l'exercice.

Sa bonté est désireuse de démêler en vous le plus de mérites possibles, afin qu'elle puisse lâcher prise à ses ineffables faveurs sans blesser sa justice.

Mais, le mérite, vous ne pouvez l'acquérir que dans la lutte, la contrariété et la souffrance : c'est pourquoi, comme il vous aime et vous veut rendre heureux, Dieu veut aussi vous voir brisés dans la lutte, broyés par l'épreuve afin qu'il y ait en vous autant de mérites que de plaies et que chaque goutte de votre sang crie plus fort que celui d'Abel, et appelle les justes miséricordes de Dieu.

Ainsi vous serez éternellement accablés de ses dons, comme vous aurez été accablés de ses bienfaisantes épreuves dans le temps.

Tel est le secret de la souffrance en ce monde, et c'est pour cela que Dieu brise les âmes des justes qu'il aime, et abandonne à leurs prospérités, les impies.

Oh! ne vous plaignez donc pas, vous tous qui pleurez ; car vous serez consolés !

Vos larmes sont le gage de vos joies éternelles.

Vos souffrances et vos malheurs, le témoignage infaillible de votre bonheur infini et la confirmation de vos espérances immortelles.

Oh ! ne vous plaignez donc pas vous tous qui pleurez : car vous serez consolés !!!

XII

Comme je parcourais une de ces grandes rues, si peuplées et si désertes de la capitale, je vis un jeune homme, la tête inclinée en avant, et comme plongé dans une morne tristesse.

Il s'approcha de moi et me dit : « Comment faut-il faire pour croire, aimer, espérer ? »

« Mon ami, lui dis-je, il faut prier. »

Et il me regarda puis baissant les yeux, il reprit : « Je ne sais plus prier. Quand j'étais enfant, j'éprouvais un vif plaisir à prier ; la prière me soutenait dans mes faiblesses, me consolait dans mes peines et me donnait du courage, à ces heures de suprêmes angoisses, qui suivent une épreuve cruelle : mais depuis, le souffle de l'impie a mis le trouble en mon âme, en a brisé l'Espérance et détruit la foi.

« J'ai cru tout ce qu'il me disait pour ne plus croire à l'homme de Dieu qui console et fortifie.

« J'ai marché dans les voies de perdition qu'il me traçait pour ma ruine, et me voici sans croyance et sans espoir, dévoré d'ennuis et de souffrances.

« Et je n'ai rien qui me puisse soutenir dans mon désespoir, et la vie commence à me peser comme un fardeau intolérable. »

Ainsi parlait le jeune homme, et il n'avait que dix-huit ans !!

Dix-huit ans ! c'est l'âge où le cœur pur surabondant d'espoir compte sur son avenir et se berce des illusions les plus heureuses !

Plus d'espoir !

Ah! malheur à notre siècle qui arrache l'espérance des âmes, au milieu des tourments et des misères de la vie.

Et je regardais le jeune homme d'un œil attendri et lui serrant la main, je lui dis :

« Vous rappelez-vous, mon ami, le jour où votre mère, vous plaçant sur ses genoux, vous parlait du ciel et de la prière ?

« Vous étiez heureux alors ; parce que vous priiez et que votre cœur était à l'aise avec Dieu, et que vos prières conservaient l'espérance en votre âme.

« Vous rappelez-vous le prêtre qui vous prépara à la première communion ?

« Vous rappelez-vous la doctrine sainte qu'il

jeta dans votre âme, comme une semence de courage, de résignation, d'amour et de force?

« Ah ! vous étiez heureux alors.

« Pourquoi ne songez-vous plus à toutes ces choses, mon ami ?

« Pourquoi n'allez-vous pas voir le prêtre ? « Vous trouveriez en lui la joie et le repos du cœur. Il vous tendrait une main amie et saisissant votre âme dans la sienne, il la nourrirait d'espérance et de foi, et vous seriez consolé, et vous couleriez doucement vos jours sur la terre. »

« Hélas ! reprit le jeune homme, tout cela est bel et bon, mais je n'ai plus foi en ces choses. Je n'ai ni religion, ni amour, encore moins d'espérance, et la vie m'est insupportable.

« Les hommes qui se disent les sauveurs de l'humanité, et les soutiens du peuple, m'ont appris que toutes ces choses étaient de puérils enseignements des prêtres et des moines, et que le progrès consistait à s'affranchir de tous ces langes dont on a jusqu'ici enveloppé l'humanité pour la tenir au maillot. Et j'ai cru à ce qu'ils me disaient !

« Ah ! malheur à ceux qui m'ont trompé : que mon sang soit sur eux comme une malédiction qui appelle la vengeance des hommes et la justice de Dieu !

3.

« Ils m'ont enseigné que l'homme ne différait en rien des autres animaux ; que sa vie n'était pas immortelle, et qu'il n'avait rien à attendre de la bonté de Dieu au delà de la tombe.

« Eh ! bien ! puisqu'il n'y a rien pour moi après cette vie, et que je n'ai ici-bas que souffrances cruelles et amères angoisses, pourquoi traîner plus longtemps sur la terre une existence malheureuse ? C'en est fait, je n'en puis plus.

« Mais malheur à ceux qui m'ont trompé ; que mon sang soit sur eux, comme une malédiction qui appelle la vengeance des hommes et la justice de Dieu. »

Ce disant, le jeune homme me serra la main et me quitta brusquement.

Je voulus le suivre, comme pour ressaisir son âme qui semblait m'échapper, mais il disparut bientôt à ma vue. Et je ne le vis plus. Et mes yeux se prirent à pleurer. Et je fus triste tout le long du jour.

Quelque temps après, j'appris qu'un homme était monté sur un des plus beaux monuments élevés à la gloire des hommes, et qu'il s'était précipité de cette hauteur sur la place publique.

Je fus saisi par cette nouvelle et je demeurai comme interdit. Quand j'entendis près de moi une voix qui disait :

« Et il n'avait que dix-huit ans !!! »

Alors ma douleur fut immense: car j'entendis une autre voix dans mon cœur qui disait aussi : « Trompé ! maudit ! condamné pour toujours !!!! »

XIII

C'est ainsi qu'on pousse le peuple à ces extrémités, en arrachant à son âme qui a soif d'espérance toutes les doctrines nécessaires à son cœur dans ses jours de tristesse; c'est ainsi qu'on infiltre goutte à goutte en son âme, le poison du désespoir et de la mort.

Le peuple a besoin de Dieu parce qu'il n'y a que lui, qui lui puisse rendre justice. Ce n'est que devant lui qu'il peut invoquer ses droits au banquet social de l'égalité et de l'amour.

Sans Dieu, point de justice. Sans Dieu, point de récompense, point de châtiment, et partant, point de consolation, et le désespoir jette toutes les âmes dans le tourment de l'ennui et l'impatience de la mort. Quoi d'étonnant qu'un homme se défasse d'une vie qui lui est à charge, dès lors qu'il n'a plus rien à attendre de la justice de Dieu ou de sa bonté. Non ! sans Dieu, sans espoir, il n'y a plus de consolation ici-bas, pour le pauvre et le malheureux, et la mort est le seul bien qui le délivre de tous ses maux.

Le suicide est la conséquence fatale et naturelle de la négation de Dieu et de sa justice.

Il n'y a en ce monde que mépris pour le malheureux. Le monde s'éloigne de sa misère, et le regarde d'un œil sec et d'un cœur sans pitié.

Si encore le christianisme ne lui venait point en aide, je ne sais pas où il en serait aujourd'hui. Il n'y a rien pour le pauvre sur la terre. Toutes les jouissances vont à celui qui déjà est heureux, comme toutes les eaux qu'elles soient ruisseaux, fleuves, ou rivières, vont à la mer.

Tout est au riche : rien n'est au pauvre, si ce n'est l'espérance : mais une espérance immortelle.

Et si ces prétendus bienfaiteurs arrachent aux pauvres et aux malheureux le seul bien qu'ils possèdent, que leur reste-t-il à faire, si ce n'est à mourir, ou bien à vivre d'une vie qui est pire que la mort, d'une vie d'esclavage sous la tyrannie des doctrines et des passions les plus perverses.

Quand donc sortirez-vous de votre sommeil, ô peuple ! pour faire le discernement de ceux qui sont vos vrais amis et de ceux qui sous les dehors de l'amitié, cachent dans leur poitrine un cœur d'assassin.

Sortez donc des illusions dont on vous berce ; reconnaissez ce qui est juste et ce qui est injuste, et défendez surtout l'espérance dans votre âme, comme on défend les sources de la vie des atteintes de la mort.

XIV

Le premier devoir de l'homme, ici-bas, est d'entrer en rapport avec son Dieu, de qui il tient son existence, sa vie et tous ses biens. C'est par la fréquence de ses relations, qu'il entre en intimité avec lui, et qu'il en reçoit les lumières qui rassasient son intelligence et l'amour qui nourrit son cœur.

Les relations font les hommes ce qu'ils sont. Si donc ce que l'on est, dépend de ceux que l'on fréquente ; si telle est la condition humaine qu'il nous faille subir l'influence heureuse ou funeste de nos relations, je donne à penser quelles seront les heureuses et bienfaisantes conséquences des rapports suivis de l'âme avec l'être le plus grand, le plus parfait, le meilleur, Dieu.

Se mettre en relation suivie avec Dieu, c'est monter au dessus des misères et des infirmités de la vie, c'est boire à la source de tous les biens, c'est tirer à chaque souffle, à chaque aspiration de l'âme, l'amour et l'espérance, c'est se reposer, c'est vivre, c'est chanter, c'est gémir, en un mot; c'est prier.

Mais la prière, ô peuple, la prière que tu oublies dans tes égarements ; cette plainte de ton âme à son créateur, ce cri de détresse de tes souffrances, que les méchants veulent étouffer dans ta gorge, n'est pas réduite à des formules froides et sèches. Il est des personnes qui ne croiraient pas prier, si elles ne récitaient point telle ou telle formule du livre qu'elles ont accoutumé de lire ou qu'elles ont confiée à leur dévote mémoire. Ce n'est pas là, la prière du peuple. On fait souvent de la prière, malheureusement pour la foi, une formule symétrique qui met en fuite toute pensée et désespère l'amour.

Dieu est un père, et nous sommes ses enfants, et nous devons aller à lui, non pas avec des formules, mais avec un cœur plein de confiance et d'amour.

Si un enfant allait dire son cœur et tous ses besoins de fils avec des formules uniformes, quel dégout n'éprouverait pas la mère, contrainte à ne recevoir ses tendresses qu'à travers des paroles que semblent lui murmurer des lèvres étrangères.

La formule de l'amour est de n'en avoir pas. Pourquoi donc en agissons-nous différemment avec Dieu, qui est tout amour ?

Pensons-nous que son cœur sera plus touché de ces mots que lui disent nos lèvres, et qui si souvent sont éloignés de l'âme ? C'est alors qu'il a le droit de dire de nous : « Ce peuple là m'honore du bout des lèvres... »

Ah ! qu'il aimait mieux, Jésus, la plainte de la Chananéenne : « Ayez pitié de moi, Seigneur, fils de David ; car ma fille est tourmentée par le démon ! ! Seigneur aidez-moi !!! » « O femme, ta foi est grande, lui dit Jésus ; qu'il te soit fait selon que tu désires. » Et sa fille fut guérie.

Qu'il aimait mieux le cri du centurion, lui demandant la santé, et la vie de son enfant : « Seigneur, mon fils est malade. » — « J'irai, lui dit aussitôt Jésus, et je le guérirai. » « Mais, reprend le soldat, plein de foi, je ne suis pas digne que vous entriez dans ma demeure, mais dites seulement une parole et mon fils sera guéri. J'ai des soldats, sous ma dépendance, et je leur dis : « Allez, et ils vont ; venez et ils viennent ». Ainsi pouvez vous faire, Seigneur, avec les maladies, qui toutes dépendent de vous.»

Et Jésus reprit : « Va, ta foi t'a sauvé et ton fils est guéri, et à la même heure son fils fut guéri.»

La sœur de Lazare, pour toute prière, dit au divin Maître : « Seigneur, mon frère est mort ; si vous eussiez été ici, il vivrait...» Et Jésus ressuscite Lazare.

Et la veuve de Naïm se contente de pleurer en gémissant son fils : et Jésus le lui rend.

L'aveugle-né s'écrie de toute son âme : « Jésus, fils de David, ayez pitié de moi ! » et encore : «Jésus, fils de David, ayez pitié de moi !!» Et Jésus touche ses yeux et lui donne la vue.

La femme affligée d'une cruelle infirmité, depuis trente ans, se contente de toucher le bord de son manteau, et Jésus la guérit.

Et aux noces de Cana, Marie, sa mère, s'écrie : « Mon fils, ils n'ont pas de vin ; » et Jésus change l'eau en vin.

Dieu écoute ainsi tous les soupirs de l'âme, sans formule. Il entend les cris spontanés que pousse un cœur sous le coup de la douleur, de la joie, de l'amour et de la reconnaissance, et cela va plus loin dans son âme, que toutes les supplications convenues.

La théologie chrétienne qui est l'expression la plus frappante, la plus exacte, des rapports de Dieu avec la créature, se garde bien de réduire la prière à quelques formules particulières. La prière dit-elle, est une élévation de l'âme vers Dieu ; un entretien mystique et intime avec Dieu ; l'expression d'un sentiment de reconnaissance ; la demande d'une grâce ; un soupir de tristesse jeté dans le sein du Père ; un cri de douleur ou de joie, un transport d'allégresse, un murmure de regret. Tous les sentiments qu'un fils peut éprouver pour son père, toutes les libertés, les tendresses qu'il lui verse dans ses entretiens solitaires de la veillée, se résument dans ce mot : la *Prière.*

Pourquoi donc forcer la nature et lui faire un langage qui n'est pas le sien ?

Est-ce que les oiseaux du ciel ont aussi leur formule, pour chanter leur hymne au Créateur ? Est-ce que tout, dans la nature, ne chante pas, puisque tout a besoin de tout ? Est-ce qu'il est une créature, qui, tous les jours, ne parle pas au Créateur ?

L'agneau bêle pour demander, l'oiseau

chante pour remercier, la fleur ouvre son calice et étend ses feuilles et ses pétales, comme des mains suppliantes pour appeler la lumière et la rosée.

Tout parle librement au Père de toute chose, parce qu'il est père et qu'il est bon.

Tout parle sans contrainte et suivant sa nature : l'homme seul se tourmente et force ses lèvres à demander à Dieu ce que son cœur ne veut pas !....

XV

Il est une prière, la plus parfaite de toutes, la plus conforme aux besoins de la nature de l'homme, une prière que l'enfant apprend sur les genoux de sa mère et que dans la suite, joignant ses petites mains, il récite le matin et le soir, une prière que la jeunesse murmure au milieu même de ses égarements, que l'âge mûr n'oublie pas, que le vieillard répète sans cesse et que l'agonisant jette au ciel comme le dernier son d'une âme qui s'en va. Une prière qui dit tout en quelques mots, et il n'a fallu rien moins que l'auteur de la nature lui-même, pour nous l'enseigner ; parce qu'il faut avoir soi-même fait l'homme, pour dire si bien ce que doit dire l'homme à son Dieu. Et cette prière, c'est :

Notre Père qui êtes dans les cieux !

Que votre nom soit sanctifié !

Que votre règne arrive !

Que votre volonté se fasse sur la terre comme dans le ciel !

Donnez-nous, aujourd'hui, notre pain de chaque jour !

Pardonnez-nous nos offenses comme nous pardonnons à ceux qui nous ont offensés !

Et ne nous induisez pas en tentation !

Mais délivrez-nous du mal !

Et qu'il en soit ainsi !

XVI

C'est là le chant sublime de toute créature intelligente.

Tout l'univers le murmure d'un pôle à l'autre, et jette sans cesse ce cri de la reconnaissance et de l'amour : « Notre Père qui êtes aux cieux. »

Toutes les créatures disent ce mot à leur manière ; car c'est le cri de toute la nature. Si la montagne pouvait chanter, elle dirait : « Notre Père qui êtes aux cieux. »

Si la fleur en s'ouvrant pouvait jeter un soupir parfumé sous le rayon du soleil, elle dirait : « Notre Père qui êtes aux cieux. »

Si l'aigle, repaissant son œil sauvage de lumière, pouvait arracher un cri intelligent à son gosier, il dirait : « Notre Père qui êtes aux cieux. »

L'agneau timide, échappant à ses cruelles serres, bêlerait : « Notre Père qui êtes aux cieux. »

Et la tourterelle, sous ses griffes, expirante, gémirait : « Notre Père qui êtes aux cieux. »

Notre Père qui êtes aux cieux !... C'est bien le premier mot qu'inspire l'amour et la confiance.

Quand l'enfant veut demander quelque chose à son père ou à sa mère, il commence par ce mot : Mon père ! ma mère !

Aussitôt le sentiment le plus doux de la paternité est évoqué par ce cri du cœur : Père ! Je ne sais quoi se meut dans l'homme, quand il entend son fils lui dire, mon Père ! Ce mot réveille toutes ses tendresses endormies et lui fait répondre par ces autres mots : « Quoi, mon enfant ! Que veux-tu, mon chéri ! » La conquête est déjà faite ; et après cela, on peut lui ouvrir le cœur en toute confiance : le sien est déjà gagné.

Que sera-ce donc de dire Père à Dieu, dont la bonté n'a rien d'égal sur la terre et dans le ciel : pas même dans le cœur d'une mère? Dire Père, à Dieu, c'est tourner et mettre de notre côté tout ce qu'il y a d'amour dans Dieu; car c'est lui rappeler le premier et le plus grand de ses attributs, qui est la bonté, et que ce titre de Père résume toutes ses bontés et ses tendresses pour nous.

Aussi le grand saint Thomas l'a-t-il admirablement compris, quand, dans sa belle théologie, il revient si souvent sur les harmonies que Dieu a établies entre l'ordre de la nature et l'ordre surnaturel. Les choses, dit-il, se passent de même dans les deux ordres, avec la seule différence de la hauteur et de la grandeur d'un côté : parce que Dieu a voulu que les choses naturelles et leurs harmonies nous rendissent d'une manière sensible ce qu'il fait lui-même dans un ordre supérieur. C'est pourquoi, il veut aussi que nous suivions l'ordre de nos affections naturelles dans nos rapports avec lui. Et de même que dans nos relations avec les auteurs de nos jours, notre père et notre mère, nous commençons nos entretiens et nos demandes par ces mots: Mon père! ma mère! ainsi veut-il que nous commencions avec lui: « Notre Père, qui êtes aux cieux ! »

XVII

Ce que l'amour vrai, l'amour sincère, veut tout d'abord, c'est le bien de la personne aimée. Il est inquiet, tremblant pour son objet. L'enfant qui aime bien son père s'enquiert de ses préoccupations et de ses soucis, et avant que de lui demander ses grâces et ses faveurs il lui dit : « Mon père êtes-vous heureux ? Etes-vous content ? » Et s'il remarque que la tristesse sillonne le front du père, il devient triste et oublie sa propre demande, pour ne songer qu'à la douleur à consoler, aux larmes à essuyer: « Soyez heureux, mon père, s'écrie-t-il, c'est ce que désire le plus mon cœur en ce monde. » Le bonheur de l'objet aimé est donc la première pensée et le premier vœu qui surgit dans l'âme de celui qui aime. Ainsi doit-il en être dans nos rapports avec Dieu, dans l'ordre surnaturel. Ainsi tous les enfants du Père céleste lui disent à l'envi l'un de l'autre: « O Père, soyez béni, soyez chanté, soyez aimé ! Tout a été fait pour votre gloire et c'est la fin et la raison d'être de tout ce qui a été fait. Que votre nom soit sanctifié ! » C'est le chant universel, l'hymne royal qui remplit l'univers.

Depuis les sommets les plus altiers qui se perdent dans l'espace, jusqu'aux abîmes profonds où nous nous perdons nous-mêmes, tous les êtres célèbrent le nom de Dieu.

Les cieux racontent sa gloire, disait David; les astres le chantent par l'éclat de leur lumière ; la mer par son immensité ; les montagnes par leur grandeur ; la nature par ses charmes.

Tout être qui reçoit lumière et vie célèbre la gloire de Dieu, et c'est le premier cri de reconnaissance qui sort de tout être que celui-ci : « Que votre nom soit sanctifié. » C'est le merci à Dieu pour l'existence.

Rien ne peut se dispenser de chanter le nom de Dieu, parce que tout a reçu existence pour cela, comme la lumière pour éclairer.

Le soleil de son aurore empourprée, éveille tous les êtres par ses feux en leur disant : « C'est l'heure de chanter, levez-vous. » Aussitôt, il dore la cime des monts, remplit le ciel d'éclat. Tout s'anime à sa vue. La nature tressaille et sourit. L'oiseau tirant sa tête de dessous l'aile, quitte son nid et gagne le haut de l'arbre, puis regardant le ciel, il s'écrie : « Merci, ô Père ! que votre nom soit sanctifié ! »

Le fleuve en descendant de la montagne murmure : « Que votre nom soit sanctifié ! »

Et l'insecte passant d'une rive à l'autre étale ses ailes, et leur fait chanter en frémissant : « Que votre nom soit sanctifié ! »

XVIII

Après le bonheur de la personne aimée, l'amour et encore plus la nature, dirigent nos désirs vers le bien personnel. Nous voulons le bonheur. Tout aspire au bien et rien n'est jamais satisfait.

Le troisième cri de la nature est donc une aspiration au bonheur. La créature qui aime le Créateur, après l'avoir loué, chanté, lui dit : « Rends-moi heureux, donne-moi le bonheur » et comme le Père tout bon résume en lui-même toutes les bontés et tous les biens de la créature, puisqu'il en est la source et la fin, la créature, lui dit : « Sois mon bien, sois mon bonheur, règne sur moi, sur la terre et dans le ciel. »

J'ai cherché le bien sur la terre et je ne l'ai pas trouvé. J'ai demandé le bonheur à chaque créature qui passait et elle ne m'a pas répondu.

« Chaque arbre offre son fruit au passant de la vie : j'en ai gouté, Seigneur, et je n'en ai pas été satisfait. Rien ne comble mes désirs et ne remplit mes espérances. Tout me trompe et me sourit; parce que le désir de toi, plénitude immense de bien, a creusé dans mon âme un abîme que toi seul peux combler. Toi seul, Seigneur, toi seul peux remplir le vide que tes doigts ont fait dans l'homme en le formant. Tu as laissé à l'âme qui t'avait connu un insatiable désir de te recouvrer : sa nature est pénétrée des biens que tu lui avais fait connaître à son origine ; tu l'avais baignée dans les eaux d'une immortalité et d'une félicité telle qu'elle en a bu jusqu'à son essence: aussi quoiqu'elle fasse pour t'oublier, tu la tiens. Malgré qu'elle s'enivre de satisfactions, tu es toujours au fond de tous ses plaisirs et de tous ses bonheurs d'un jour, pour lui dire : « Ce n'est pas cela qu'il te faut, tu t'es trompée, ce n'est pas assez pour une âme qui a bu aux fontaines de la vie éternelle : il te faut davantage, il te faut moi. » Et l'âme humaine se débattant dans ses désirs affamés, s'écrie: « Viens donc, ô Père, et comble mes impatientes avidités. Viens ! apaise ma faim, étanche ma soif, ravis ma vue, charme mes oreilles, fait tressaillir ma chair, inonde mon âme. Et que je me repose en toi. Et que je vive de toi. Et que je n'entende que toi. Et que je ne voie que toi ! Et que je ne pense qu'à toi ! Et que je n'aime que toi. Que tu me vainques, que tu m'assujetisses, que tu me réduises sous ta douce servitude. Enfin que tu sois mon maître pleinement ! Que ton règne arrive, ô félicité tant désirée. »

XIX

La gloire de Dieu, qui est sa fin, est demandée. Le premier élan de l'amour est satisfait. Le bonheur, notre fin suprême, est sollicité. La tendance invincible de notre cœur au bonheur est aussi satisfaite.

Mais chaque fin a ses moyens propres qui conduisent à elle, et partant, qu'il faut prendre pour y arriver. Après le sentiment, le désir du bonheur ; doit donc venir en nous, le sentiment, le désir des moyens établis pour atteindre notre fin.

Or la gloire de Dieu et notre bonheur ont un moyen commun, qui est l'accomplissement de sa volonté sainte.

Pour chanter Dieu, pour aller à Dieu, il faut suivre les règles et le chemin qu'il nous a tracés.

Rien n'est plus grand plus glorieux pour

un prince, que de voir sa volonté partout suivie avec amour : car que lui sert qu'on le chante et qu'on le célèbre partout, si l'on ne fait pas ce qu'il veut, si sa volonté est méprisée. La plus haute marque de souveraineté est d'imposer sa volonté, et la plus grande gloire est de la voir partout respectée et suivie avec amour. Si donc Dieu doit être glorifié, il faut que sa volonté se fasse, et dans le ciel et sur la terre.

Si nous voulons aussi arriver à notre fin qui est Dieu, notre bonheur suprême, il faut que sa volonté se fasse : car Dieu, en tant qu'objet de la vision béatifique, n'est pas notre fin par nature, mais bien par grâce. Dieu est trop grand, trop au dessus de nous pour être notre fin béatifique par nature, lui seul pouvant jouir naturellement de lui-même, de sa vision et de sa contemplation éternelles. Les facultés doivent être en rapport avec leur objet, et partant, une faculté finie ne peut-être faite pour un objet infini par sa nature : ce serait contre raison.

Si donc notre nature ne nous porte pas elle-même à Dieu, notre fin, objet de notre vision céleste, si cependant cette nature est pénétrée du désir immense, insatiable de Dieu, dans la notion générale d'un bonheur sans limite et parfait, il va sans dire que l'auteur et le moteur de toutes ses tendances dans l'âme, doit les satisfaire, en aidant sa créature à venir à lui, à jouir de lui.

Toutes les tendances de la nature ont tôt ou tard leur satisfaction, pleine, entière. L'état violent n'est jamais l'état normal des êtres : les êtres qui s'attirent doivent se rendre un jour à leur mutuelle attraction. Les forces s'unissent, et forment la grande force universelle. Les molécules vont aux molécules, la matière va à la forme, et la forme à la matière. Les astres se maintiennent dans l'espace et se poursuivent suivant l'inclination qui les presse l'un vers l'autre. La fleur s'incline vers la fleur. Le fleuve coule à la mer, et tout va au bonheur.

Il y a donc, entre tout être et sa fin, une tendance invincible qui doit être un jour satisfaite, sans cela on perpétue éternellement l'état violent de deux êtres créés l'un pour l'autre. De là, le supplice cruel des âmes séparées de Dieu pour l'éternité, supplice d'autant plus grand, qu'il porte atteinte au plus intime de notre nature, et s'oppose à la tendance la plus violente, la tendance au bonheur suprême.

Dieu qui nous a faits pour lui, étant inaccessible à notre nature, il faut qu'il s'incline vers nous et nous aide à monter jusqu'à lui.

Pourquoi nous tourmenterait-il sans cesse et sans but, du tourment de son désir ? Pourquoi dévorerait-il en vain notre cœur de son amour ? Quel plaisir pourrait-il prendre à tromper notre envie de lui.

Nous appeler de sa voix la plus douce, alors qu'il nous sait impuissants à aller à lui. Nous pénétrer de son amour, alors qu'il sait que cet amour ne sera jamais couronné ! Remplir notre âme du besoin de lui, quand il sait que nous ne pourrons pas l'atteindre ! Nous montrer les cieux et les splendeurs de son infinie majesté, pour séduire nos regards, exciter nos tendances, et tromper nos désirs !

Quelle indigne cruauté !!! Y a-t-il au monde une mère, qui tourmente ainsi les désirs de son enfant, les excite tous pour ne les satisfaire jamais ???

Quand un enfant essaie ses premiers pas, la mère l'appelle, elle lui tend ses bras et l'aide à venir ; parce qu'elle sait sa faiblesse et son impuissance. Dieu dont le cœur et l'amour sont infinis ne ferait rien pour aider sa créature, toute palpitante de son amour et du désir de le posséder.

4.

Non ! non ! Dieu lui tend sa main paternelle, lui indique le chemin qui conduit à lui, lui manifeste ses volontés saintes par lesquelles elle doit passer et lui arrache ce cri : « Que votre volonté soit faite sur la terre comme dans le ciel ! ! ! »

XX

Mais la volonté de Dieu est aussi éloignée de la nôtre que son intelligence est plus haute : rien ne peut y atteindre. Du reste la volonté suit la connaissance, disent les philosophes ; plus donc la connaissance sera complète, élevée, plus aussi la volonté qui la suit montéra haut, sera parfaite, sublime. Il y a donc une égale distance entre la volonté divine et la nôtre, qu'entre son intelligence et la nôtre. Désirer donc atteindre cette hauteur, cette force de volonté et la suivre, c'est tenter l'impossible pour de faibles mortels comme nous.

« Comment veux-tu, ô Dieu, que je veuille ce que tu veux, puisque je ne puis connaître ni voir ce que tu connais, ce que tu saisis de tous points.

« Comment veux-tu que je suive ta volonté

puisque je n'en ai ni la force ni la puissance. Si tu veux, mon Père! que je monte à toi, aide ma faiblesse, donne-moi l'énergie de ton vouloir. »

Etrange chose, qu'un Dieu dont les desseins, sont insondables, veuille que sa créature s'élève jusqu'à lui et s'attache à ce qu'il veut lui-même!! C'est toutefois à ce prix qu'il met le bonheur dont il a pénétré notre cœur.

« Monte donc, ô créature, que des vouloirs infimes qu'on nomme appétits entraînent vers la terre : monte. C'est à des pensées plus hautes que Dieu te convie, c'est à un autre festin que celui de tes sens qu'il te faut asseoir tes envies. Monte encore, monte! Tu n'as pas les ailes assez fortes pour atteindre ces hauteurs, tu rampes impuissante sur ta poitrine déchirée de désirs sans pouvoir prendre ton essor. Eh bien! créature déchue dont les sens troublent les saintes aspirations, regarde le ciel et vois ton Père et dis-lui du fond de l'âme : « Mon Dieu, puisque tu m'appelles à ton vouloir, fais que je veuille ce que tu veux. Puisque d'un côté, je ne puis arriver à toi, que tu ne t'inclines pour me prendre et m'élever à toi, puisque d'un autre, mes sens me captivent, donne-moi la force de briser leurs liens et d'arriver jusqu'à ton vouloir. Donne-moi le pain qui donne cette force chaque jour, le pain de ta connaissance, le pain de tes désirs, le pain de ta grâce et de ton amour. Comme le petit enfant tend ses bras à son père pour l'inviter à courber sa tête trop haute afin qu'il la puisse serrer sur son petit cœur, ainsi je tends mes bras suppliants pour que tu t'inclines, Seigneur, et que je puisse embrasser amoureusement ton auguste volonté. »

XXI

On lit dans les livres saints que le peuple juif, errant dans le désert, recevait chaque matin du ciel la nourriture de chaque jour, et qu'il ne lui était pas loisible de penser au lendemain et qu'il ne pouvait revenir à chacun que sa part. Qu'est-ce à dire ? Est-ce pour le seul plaisir de montrer à un peuple ingrat et affamé un beau coup de sa puissance, que Dieu envoyait sa manne tous les jours ? Non ! quand Dieu mettait sa main dans les âges antiques du vieux peuple de Juda, c'était pour indiquer dans les âges futurs, ce qu'il avait dessein d'y accomplir. Il nous voulait faire entendre d'avance, qu'il réservait aux âmes qu'il appelle, le pain qui les doit soutenir dans leurs voies. Nous sommes un peuple de voyageurs exilés loin de notre patrie, et la terre est un désert immense où notre âme cherche en vain son repos et sa paix. Vrai désert où les désirs et les amours de l'homme errent sans cesse, en soupirant vers le ciel.

Il est bien des jouissances dans la vie ; mais ce ne sont pas les jouissances et les joies de la patrie de notre âme, dont les amours sont au ciel.

A cette âme qui a faim de Dieu et qui défaille en ses désirs inassouvis, il faut un aliment qui la nourrisse et la désaltère pour la soutenir dans son long pèlerinage. Dieu lui a réservé la nuée lumineuse de sa grâce, pour éclairer ses pas à travers mille écueils : la manne divine de son corps et de son sang, et la boisson enivrante de son amour, qui la presse, qui l'exalte, qui l'élève, qui l'abat, qui l'accable de tristesse et la remplit de joie.

Et la voyageuse, en quête de son Dieu, poursuit sa course, ou plutôt son vol délirant, en soumettant son corps à la douce servitude de ses amours divins.

C'est pour cela que l'âme sur cette

terre, jette sans cesse un regard d'envie vers le royaume des Esprits dont elle est. Esprit elle-même, elle se trouve mal à l'aise dans la matière, dont elle est enveloppée et tend toujours aux esprits : car chaque nature, par l'impulsion de sa nature même, va aux êtres de sa nature. Le corps va au corps, l'intelligence à l'intelligence, le cœur va au cœur et l'esprit à l'esprit.

Et plus un être remarque sa nature dans l'être qu'il envisage, plus aussi, il tend à lui.

Plus le cœur reconnaîtra de cœur dans celui vers lequel il se dirige, plus sa course vers lui sera impérieuse.

Or, il n'est rien de plus esprit que Dieu ; c'est pourquoi l'âme humaine, esprit captif dans le corps, tend vers Dieu de toute la force de sa nature spirituelle.

XXII

L'âme humaine regarde donc la gloire de Dieu et la désire ; elle contemple son bonheur et sa patrie dans le ciel ; voit d'un œil attristé la route pénible où l'on grimpe plutôt qu'on ne marche et qui est la volonté auguste de Dieu ; et comme l'enfant qui sent son impuissance et la faiblesse de ses membres sur le chemin qui le doit conduire à son but, elle étend ses bras et demande secours au Dieu qui l'appelle : « Donnez-nous aujourd'hui notre pain de chaque jour. Aujourd'hui : non demain : le pain de demain ne nous sauvera pas des faiblesses de la veille. Aujourd'hui, non pas tous les jours : à chaque jour suffit sa peine. » Dieu qui a voulu nous faire sentir ce que notre nature dit du reste d'elle-même, à savoir, que nous avons à tout instant besoin de son secours, nous fait demander, chaque jour, comme le peuple d'Israël, le pain de chaque jour.

Ta volonté, ô Père, est le pain de ma volonté, donne-la moi, fais-la moi connaître. Le pain de ta connaissance, vérité suprême, nourrit mon intelligence : le pain de ton amour fait vivre mon cœur. Donne-moi tous ces pains de mes facultés, le pain de la douleur, qui purifie ma vie, le pain de la joie, qui adoucit mes peines, le pain de ta grâce, qui soutient ma vertu, le pain de ton corps sacré qui satisfait à la fois tous mes appétits pour toi ; qui nourrit mon âme en domptant mon corps, qui m'élève, m'ennoblit, me transporte, qui spiritualise ma chair en la rendant divine et me donne, dès cette vie, un avant-goût des joies et des possessions ineffables de la patrie.

Mon corps lui-même soupire après toi, ô pain vivant ; parce qu'il tend à la plus parfaite union avec l'âme qui l'anime, et que la perfection des rapports et de l'union vient de la perfection de similitude qui existe entre les êtres unis, et que rien n'élève le corps humain à la hauteur de son âme, comme son union avec le corps divin du Christ qui le divinise.

Viens donc, ô pain sacré, gage merveilleux de la spiritualisation parfaite dans laquelle entrera le corps à l'heure de sa nouvelle et éternelle union avec son âme régénérée. Que par l'assimilation de tes substances divines, je m'élève au-dessus de moi-même et de mes sens, pour ne trouver de goût qu'en toi, de saveur qu'en toi, de délices qu'en toi ! Que tu me rassasies ! Que tu me pénètres ! Que tu m'exaltes ! Que tu m'enivres d'amour au contact de la chair du Christ qui fait tressaillir divinement ma chair.

XXIII

Malgré le secours que Dieu nous prête

toujours, nous échappons parfois à sa main et à sa grâce et nous tombons : tant est débile notre nature et fragile et languissante, et tant est grande la force de notre inclination vers la terre.

Après avoir envisagé le but lointain à atteindre et les difficultés de la route à parcourir, il faut prévoir les défaillances, les faiblesses, les chutes mêmes.

Quand l'enfant, conduit prudemment par sa mère dans les chemins difficiles, vers le bien qu'il veut atteindre, lui échappe, il tombe ; mais aussitôt, il pleure et demande la main qu'il avait abandonnée pour sa ruine. L'homme est un enfant que Dieu mène par la main, dans les sentiers difficiles de la vertu, et comme le but est haut et les chemins pour y atteindre sont escarpés, il glisse souvent et fait de ces chutes profondes qui appellent la main qui relève et qui soutient. Aussi le Père céleste le sait-il. Il regarde sa créature échappée de ses mains et de ses grâces, par terre étendue, presque morte, et lui arrache ce cri qui lui demande pardon et pitié : « Pardonnez-nous nos offenses comme nous les pardonnons à ceux qui nous ont offensés. »

XXIV

C'est une parole vraiment sociale que celle que le Christ est venu apporter au monde. Quoi de plus social, en effet, que le pardon des injures. Quoi de plus grand ! Quoi de plus noble ! Sans le pardon des offenses, point d'harmonie dans la société ; point de paix, point d'ordre ; car toute la vie sociale, dans la famille, et la cité, et la nation repose sur le support les uns des autres, et le pardon.

Etant donné la faiblesse de la nature humaine et les germes de tous les vices, de toutes les haines, de toutes les ingratitudes qu'elle porte en venant au monde ; si l'on veut vivre les uns à côté des autres, les uns de la vie des autres, il faut se supporter ; il faut se pardonner. Aussi le Christ qui connaissait notre nature, puisqu'il en était, nous a-t-il fait un commandement d'amour et de pardon. C'est là-dessus qu'il fait reposer tout l'édifice de la perfection humaine. L'amour et le pardon, sont deux sentiments qui doivent incessamment monter et descendre de la terre au ciel et du ciel à la terre. Le pardon de la terre monte au ciel comme un sacrifice de l'amour qui appelle l'amour. Le pardon du ciel descend comme un sourire de l'amour d'en haut, qui récompense et soutient l'amour d'en bas qui pardonne. Le pardon de Dieu descend dans l'âme de l'homme qui pardonne et y répand la paix, la joie qui remonte en amour vers Dieu, et en redescend pour pardonner encore.

Voulez-vous qu'on vous pardonne, commencez par oublier vous-même la peine qu'on vous a faite, par tendre une main amie à celui qui vous a blessé le cœur : c'est à ce prix, à ce sacrifice que Dieu attache sa miséricorde et son pardon.

Si vous pardonnez aux hommes, vos frères dans le Christ, oubliant leur devoir ne vous pardonneront pas toujours ; mais le Christ, leur frère aîné ne l'oubliera jamais, et pour un pardon que vous aurez donné de plein cœur, il vous en rendra mille ; car vous offensez mille fois plus son amour, que votre frère ne vous blesse vous-même.

Pardonnez de toute votre âme ; car vous êtes les frères d'un Dieu qui pardonne sans cesse. Pardonnez toujours ; car vous êtes oints de l'huile sainte des forts, qui adoucit l'amertume des injures. Pardonnez pleinement ; car le sang du Christ coule à plein bord dans vos veines par la communion, et ce sang crie encore plus fort que celui d'Abel. Pardonne ! Et encore pardonne et toujours pardonne !

Alors seulement vous pourrez élever vos yeux au ciel en toute assurance, et dire du fond de l'âme : « Pardonnez-nous nos offenses comme nous les pardonnons à ceux qui nous ont offensés !!!! »

XXV

Et ne nous induisez pas en tentation. Induire en tentation indique une action odieuse de la part de Dieu. Ce n'est pas à l'être essentiellement bon et infaillible qu'il appartient de nous conduire dans le mal. Toutefois le texte porte ; et ne nous induisez point en tentation. C'est qu'en effet, Dieu étant le souverain conservateur et le moteur de tous nos actes, quand nous voulons faire le mal, nous forçons sa main divine à nous y conduire ; c'est pourquoi nous prions cette main qui nous meut en toutes nos actions, de résister à nos tendances et à nos inclinations, en se refusant à nous y conduire. Cette résistance de son auguste main fait notre assurance dans les voies de ses volontés saintes. En lui nous nous mouvons, nous agissons et nous vivons, disait saint Paul. Il nous est impossible de penser sans que Dieu ne donne à notre intelligence cet acte même par lequel nous pensons. Nous ne respirons pas, que Dieu ne nous donne le souffle que notre bouche tire chaque fois de sa main. Notre cœur ne bat pas, sans que Dieu ne soit là, formant lui-même chaque pulsation.

Et cependant cette action de penser que Dieu nous donne, au moment même qu'il nous la donne, qu'il l'a crée en nous, et par nous, nous, la recevant de sa main, nous la tournons contre lui.

Dieu ordonne à notre cœur de battre pour l'amour ; et ces pulsations qu'il donne les unes après les autres, comme autant de gouttes de rosée qui nous font tressaillir, se tournent en pulsations de haine.

Il est donc vrai de dire que Dieu nous conduit toujours, dans le mal comme dans le bien, et que tous les actes qu'il nous donne, comme autant d'êtres ajoutés à notre être, nous les tournons parfois contre lui, souveraine bonté et perfection absolue. Toutefois Dieu nous conduit dans notre folle ivresse contre lui ; parce qu'il s'est engagé à respecter notre dangereuse liberté ; c'est pourquoi, comme de lui nous viennent tous nos actes en tant que tels, nous le prions de ne pas nous conduire dans ceux que détruit et corrompt notre malice.

L'enfant après avoir subi la cruelle expérience d'une première chute, fait un reproche amical à la main qui le conduit.

Pourquoi m'as-tu dirigé dans cette voie ? pourquoi ne m'as-tu pas empêché d'y aller. Puis du reproche il passe à la supplication : « Ne me dirigez plus dans ces sentiers pleins d'écueils et de dangers. Vous savez ma faiblesse, ô Dieu ! elle est encore plus grande que celle que ma nature tient d'elle-même : parce que ma malice en a diminué les forces, et les puissances vives. Je suis tombé déjà, Seigneur ! et j'appréhende de tomber encore ; ne me conduisez pas dans ces tentations, parmi ces tempêtes et ces furies, ou du moins soutenez-moi si je défaille. Et ne m'induisez point en tentation ! »

XXVI

La première vue de toute créature est pour son objet propre, pour l'objet qu'elle aime, pour le bonheur de la personne qui est sa fin et qui doit être son bien suprême. La seconde vue de l'âme se porte sur les moyens à prendre, pour atteindre sa fin, et la fin de sa fin. « Puisque, Seigneur, vous devez faire ma félicité et que mon âme va d'elle-même à vous, soyez heureux, afin que vous me puissiez combler de votre bonheur.

« Vous m'appelez à vous, vous m'invitez au banquet de vos félicités éternelles, et cependant, ô puissance sans borne, vous êtes inaccessible à toute nature mortelle : tendez-moi donc la main, donnez-moi les moyens d'arriver à vous. »

Le troisième regard de l'âme se porte sur les difficultés, qui peuvent retarder et même arrêter sa course ou son vol, vers sa fin et son bien suprême.

Alarmée des vents contraires, des écueils, des tempêtes, des tourments, des chagrins, qui ébranlent sa foi et ses forces défaillantes, elle demande le pain et le secours. Comme le voyageur durant de longs jours de marche, s'arrête dans l'hôtellerie et demande sa nourriture de chaque jour, ainsi l'âme humaine, fatiguée, va prendre tous les jours au sein de Dieu, sa réfection qui la soutient, et la fait vivre.

Enfin le dernier regard de l'âme quand elle envisage sa fin, se porte sur le mal, surtout le mal suprême ; mais ce n'est que poussée par le sentiment de la crainte et de l'horreur qu'elle jette un œil fuyant, et rempli d'effroi sur le mal ; car le mal répugne à sa nature, comme l'opposé de sa fin répugne à celui qui y tend de toute la force de sa nature.

XXVII

Mais délivrez-nous du mal.... ! Délivrez-nous du mal, du mal qui vous nie, du mal qui vous méprise, du mal qui vous blasphème, du mal qui nous sépare de vous en la vie, et surtout du mal suprême qui nous séparerait de vous en la mort.

Le bien suprême est la fin de notre âme qui aspire au bonheur, et les biens secondaires sont les fins secondaires, où elle repose, ou plutôt des échelons sacrés, par où elle gravite vers Dieu.

Le mal est donc contraire à notre âme qui veut le bien d'elle-même, et ce n'est que par vice, qu'elle y incline. Un être, en effet, a d'autant plus de répugnance, d'autant plus d'horreur à se déprendre, à se séparer de sa fin, qu'il est plus fait pour elle.

Plus deux êtres sont faits l'un pour l'autre, plus ils souffrent de l'éloignement l'un de l'autre. C'est là ce qui nous explique l'horreur de la nature pour la mort : parce que c'est la séparation de deux êtres faits, par nature, l'un pour l'autre : l'âme est faite pour le corps, comme le corps est fait pour l'âme, et il n'est point de supplice et de souffrances plus grands que la mort ; parce que c'est la séparation de deux êtres qui tendent à la plus parfaite union, à l'union substantielle. C'est donc avec raison que le langage populaire, expression frappante des sentiments naturels, appelle la mort, la peine capitale, la peine suprême, au-delà de laquelle, il n'y a rien ici-bas : c'est la peine qui résume toutes les autres.

Mais si la mort est la peine suprême d'ici-bas, que sera la séparation d'une créature et de la fin pour laquelle elle était exclusivement faite ! car il n'est point d'être plus fait, par nature, pour un autre, que l'homme ou la créature pour sa fin. Il y a entre l'être et sa fin, une tendance invincible qui dépasse encore l'attraction mutuelle des molécules, de la matière et de la forme, de l'âme et du corps.

Si donc le corps est fait pour l'âme, l'âme est encore plus faite pour Dieu, et tous les deux pour une fin commune, qui est le bonheur, et qui est encore Dieu.

Et tous les deux n'ont de raison d'être que pour leur fin commune. Et tous les deux y tendent de toute la puissance de leur être, à tel point qu'il vaudrait mieux pour eux, n'exister pas, que de ne pas être faits pour une fin.

Cette supposition du reste, est absurde : car il n'est pas possible qu'il y ait sur la surface du globe terrestre, une créature qui ne s'y trouve pour une fin. Dieu lui-même, intelligence sans bornes, et sagesse complète, ne le pourrait pas faire. Si donc la seule supposition, qu'un être n'a pas sa fin vers laquelle il tend de toutes ses forces est absurde, il n'est rien de mieux établi, que la proposition contraire, à savoir; qu'il n'est rien de plus fait l'un pour l'autre, que l'être pour sa fin, et partant, qu'il n'est point de violence plus grande exercée sur un être, que celle qui l'éloigne de sa fin ; violence qui surpasse infiniment celle que Dieu exerce pour séparer l'âme du corps; car ce n'est pas pour unir simplement une substance simple à une substance corporelle, organique, que Dieu a fait l'homme. Il l'a fait pour une fin, et cette fin est plus pour l'homme que l'âme n'est pour le corps, et l'homme y tend, de toutes les puissances, de toutes les forces des deux substances qui le composent. Si donc nous avons tant d'horreur à la pensée de la mort, si la séparation des deux substances, âme et corps répugne tant à la nature de l'une et l'autre, qu'on l'appelle justement la plus grande peine d'ici-bas, je laisse à penser quelle sera la peine et l'horreur qu'éprouvera l'homme, au jour suprême, qui le séparera à jamais de la fin pour laquelle il avait été fait, et vers laquelle le portaient tous les appétits, les privations de son être. Véritable supplice de Tantale ! ses lèvres s'allongeront dévorées par la soif, pour plonger avec avidité dans la coupe enchanteresse des félicités éternelles, et celle-ci échappant sans cesse, lui restera présente toujours, pour ne se laisser jamais atteindre. O soif ! ô tourments déchirants ! ô supplice cruel ! Il ne se peut rien imaginer de plus violent, que cette séparation de l'âme d'avec Dieu, pour qui elle était faite, et c'est avec raison qu'on l'a appelée la peine suprême de l'éternité, le mal qui comprend tous les maux : l'enfer.

Ajoutez que la séparation est perpétuelle

et la plus complète possible, tandis que le corps et l'âme trouveront leur satisfaction dans l'éternelle union de la patrie. Il ne faudra rien moins que la puissance infinie, pour maintenir ainsi à distance la personne auguste et souverainement bonne de Dieu d'avec sa créature.

L'âme voyageuse, et en exil ici-bas, se porte d'elle-même au ciel. Sa nature la presse, l'excite sans cesse : mais encore ne connaît-elle pas toute l'immensité du bien après lequel elle soupire, et court toute haletante et joyeuse ; mais une fois séparée des liens terrestres, Dieu lui-même lui donnera de connaître devant sa face de justice ou de miséricorde, la grandeur infinie de ce qu'elle gagne ou perd pour l'éternité. « O beauté pour toujours perdue ! O séparation et éloignement de tout bonheur ! où irons-nous loin de toi ? Puisque tu renfermes tout dans ton vaste sein ; que rencontrerons-nous loin de toi, si ce n'est tous les maux ? O bonté ! ô justice ! en toi seul sont toutes les félicités, comme dans leur source, en toi seul l'âme trouve le rassasiement de ses tendances. Ne nous laisse pas choir : car loin de toi, c'est le mal, c'est l'absence de tous les biens, et partant, la présence de tous les maux, c'est l'abîme des misères : c'est l'Enfer. Délivre-nous! délivre-nous de ce mal qui fait horreur à notre nature, et qui trouble notre âme! Délivre-nous du mal suprême et du mal qui y conduit! Et qu'il en soit ainsi!

Amen!

XXVIII

Un jour, dans la ville de Rome parût un marchand d'hommes; moins beau que ses esclaves, il les conduisait comme un troupeau de bétail au marché de la grande ville. Il les offrait à l'admiration du peuple romain, comme une race de choix.

Tout le monde se groupait autour de ces esclaves et les admirait. Et ceux qui étaient en fortune, se donnaient le plaisir d'en acheter : d'autres pleins d'horreur pour ce mépris de la race humaine, se prenaient de pitié pour ces beaux malheureux.

Un homme qui comptait, déjà, alors, pour un maître du monde, et dont la puissance et le nom avaient un égal retentissement traversa la place publique, et vit ce marché d'hommes.

Indigné de cet état de chose, il s'attrista, et rentrant aussitôt dans son palais, il saisit sa plume, puis, écrivit quarante noms : c'étaient les noms des missionnaires qu'il désignait pour évangéliser ce peuple d'esclaves.

Un siècle après, les esclaves chrétiens, jouissaient pleinement de la liberté et bénissaient la mémoire de Grégoire VII, leur libérateur.

Et l'esclavage était aboli, dans tous les pays, où les hommes de Dieu avaient planté l'étendard de la croix devenue signe du ralliement des peuples et de liberté.

C'est par la croix que Dieu a sauvé le peuple malheureux et méprisé.

C'est par la croix qu'il l'affranchit de l'esclavage, et c'est là, le plus précieux don que Dieu ait fait à l'humanité.

Aussi les peuples se sont-ils pressés autour de ce drapeau, et y sont-ils demeurés attachés.

Les méchants savent bien qu'ils ne pourront être les maîtres du peuple, qu'ils ne pourront le soumettre à leurs passions, que lors qu'ils l'auront une fois détaché de cet arbre séculaire qui protége ses espérances et ses droits.

C'est pourquoi on les voit s'acharner incessamment à séparer le peuple de la croix et de son Dieu, et de tout ce qui, par quelque endroit, le peut retenir à ses pieds.

C'est pour cela qu'ils ne veulent plus d'église, plus de prêtres, plus de foi.

« La foi chante les vertus de la croix. Le prêtre appelle les hommes et les groupe autour de cet étendard de courage et de liberté. L'Église est le réceptacle des doctrines qui enseignent les vrais droits de l'homme. Et tout cela nous perd, en sauvant le peuple.

« Plus de Christ ! plus de prêtre ! Leur domination ronge et tue notre pouvoir. Leur triomphe est notre ruine !

« Ils enseignent au peuple ses dignités et ses droits imprescriptibles; et il n'est pas bon, pour nous, que le peuple sache ce qu'il vaut, ni qu'il ait connaissance de ses droits. Qu'est-ce que nous deviendrions, nous ?

« Ah ! étouffons le Christ et détruisons ses prêtres ! car sans cela le peuple s'apercevra bien vite, que nous le trompons, et saisissant dans ses mains les chaînes dorées de nos libertés, il les brisera sur nos têtes.

« Et nos efforts seront vains !

« Détachons donc les peuples du Christ, et qu'ils soient à nous.

« Fermons la bouche aux prêtres, et à tous ceux qui font entendre les vrais principes de la liberté des hommes ! Il nous importe qu'on ne les connaisse pas.

« Substituons des principes faux, aux vrais !

« Flattons les passions du peuple, dans le même temps, et le peuple nous croira, et nous le réduirons en servitude, et notre règne sera assuré.

« Alors nous mettrons près de nous, des hommes de terreur qui retiendront les hommes par crainte dans nos fers.

Sans doute nous serons combattus : des cris retentiront dans le monde pour proclamer les vrais principes ; mais le peuple, ne les écoutera pas : *parce que nous l'aurons pris par ses passions.* »

C'est ainsi que les méchants comptent vous prendre dans les rets perfides de leurs vaines promesses.

Ils pensent, qu'il leur suffit de vous parler de liberté pour être les maîtres de vous, et pour vous faire croire que vous êtes libre quoique dans les fers.

Mais ils se trompent : tôt ou tard, les fers se font sentir ! Plaise à Dieu qu'ils ne soient point tellement enfoncés dans vos chairs, que vous puissiez vous en défaire, sans mourir.

XXIX

Autrefois, c'était de même. Le peuple

romain avide de spectacles et de sang, voulût réduire une partie de la société en servitude, afin de s'en servir pour ses plaisirs, et il fût déclaré qu'il y aurait des hommes, sans Dieu, sans famille, sans droit, et sans conscience.

Et le sénat consacra cette loi.

Aucune voix ne s'éleva contre l'iniquité de cette consécration, et l'on vit Pline le jeune lui même, féliciter Trajan de ce qu'il avait donné cent-vingt-trois jours de spectacle, où dix mille combattants, s'entr'-égorgèrent pour le plaisir du sénat et du peuple romain.

Il n'y avait pas jusqu'aux enfants et aux femmes dans la famille, qui ne fussent livrés à la merci du Père qui les pouvait vendre ou tuer.

La société en était là, dans le monde le plus policé et le meilleur, quand deux hommes parurent dans l'enceinte de la ville éternelle.

Ils s'approchèrent du sanctuaire, où les tyrans du monde traînaient le peuple, lui proposant le culte des vices les plus honteux, et le tenaient captif sous leur joug, par la séduction du mal qu'ils proposaient à son adoration et à ses convoitises.

Les deux pauvres voyageurs, hommes du

peuple, se sentirent émus de pitié et de colère, à la vue de ces indignes et séduisantes tromperies dont on se servait pour enchaîner les hommes, et levant leur bâton de voyage, ils en frappèrent les dieux et leurs autels.

Et les dieux furent renversés.

Rome entière en frémit. L'empire le plus vaste et le plus puissant se sentit ébranlé jusque dans ses fondements, et sous les coups redoublés de deux pauvres pêcheurs, il chancela.

C'était le coup qui devait le renverser et délivrer le monde de l'oppression romaine.

Les deux voyageurs fiers encore de leur audace, plantèrent la croix sur les autels des dieux, comme signe d'affranchissement et de liberté.

Ils succombèrent quelques jours après, victimes de leur courage et de leur amour pour l'humanité.

Mais leur mort ne fut pas sans fruits : elle tua Rome et ses dieux, et proclama les hautes dignités de l'homme, ses droits à l'égalité devant Dieu, et sa liberté.

Bientôt le salut et la liberté furent portés jusqu'aux extrémités du monde, et les peuples assis à l'ombre de la mort, virent paraître la lumière pour laquelle ils étaient faits, et levant les yeux au ciel, ils reconnurent leur patrie.

XXX

N'écoutez pas ceux qui vous veulent séparer de l'Eglise et de la croix, car vous retourneriez à l'oppression. N'écoutez pas ceux qui vous disent, que la croix est un joug pesant sous lequel on vous tient, et par lequel on vous conduit.

La croix est l'étendard le plus beau qui puisse flotter sur l'humanité ; étendard qui a été planté sur les ruines du despotisme et de l'esclavage, et sur les collines de la liberté. Ne repoussez pas la croix qui vous soutient et vous protège tout le long de votre vie. Elle couvre votre berceau comme d'un voile maternel et défend votre tombe, cet autre berceau, contre les mépris du passant.

La croix qui a été un signe de flétrissure pour les hommes, parce qu'elle était l'instrument de supplice du peuple, a été mise depuis en honneur et placée au faîte de toutes les gloires ; mais elle n'a pas été élevée seule, elle a porté le peuple dont elle était le signe avec elle, sur tous les sommets qu'il lui a plu de parcourir.

Il est rapporté par Moïse, que le peuple d'Israël, errant dans le désert, était conduit par une nuée lumineuse qui éclairait ses pas et lui montrait son chemin.

Ce monde aussi est un désert pour le peuple, et la croix est la nuée lumineuse qui lui montre la patrie et l'y conduit sûrement.

Le peuple d'Israël séduit par de faux amis, se prit à murmurer contre Moïse qui l'avait sauvé, et Dieu indigné de son ingratitude le frappa.

Et il défaillait en sa voie triste et abattu, et il allait périr, tout entier, lorsque Moïse érigea le serpent d'airain dont la vue sauva le peuple en détresse.

Vous êtes aussi séduits et trompés par les promesses qu'on vous a faites. Vous vous êtes révoltés contre cet autre Moïse qui conduit le peuple à la terre promise. Et Dieu aussitôt s'est armé contre vous, et vous êtes sur le point de succomber et de périr dans un abîme de malheur.

Mais le vieillard vénérable, successeur de Pierre vous montre la croix qui seule peut vous sauver. « Relevez-vous donc et regardez au loin ! La croix rayonnante comme le soleil vous montre le ciel. Par elle vous y entrerez, par elle vous vaincrez la tyrannie, par elle vous serez sauvés.

XXXI

Que vous veulent ceux qui vous parlent d'affranchissement ? Ils vous veulent arracher Dieu de l'âme et partant, la conscience. Ils veulent plus que cela, ils veulent que vous n'ayez plus de famille, plus d'attaches en ce monde.

« Faisons du peuple, une brute par les passions, et il n'aura plus de femme, mais une femelle, plus d'enfants, mais des petits.

« Et alors nous aurons le peuple.

« Les prêtres ne viendront plus nous l'arracher : car les passions parleront dans le cœur du peuple, plus fort que le prêtre. Elles étoufferont la voix de Dieu, et nous serons les maîtres.

Il faut donc abrutir le peuple par les passions, de façon qu'il n'ait plus de sentiment, mais des instincts ; plus d'amour, mais des appétits.

« Et alors nous serons comme la grande « Rome.

« Le peuple esclave de nos idées n'aura d'autres dieux que nous. Il n'aura plus de droit ; qui pourrait les lui apprendre ? Plus de famille : car nous aurons fait de la femme un instrument de plaisir ; et des enfants, des victimes propres à être immolées sur les autels de l'Etat. »

XXXII

Un soir comme tout se taisait, j'entendis des sanglots, et me retournant du côté que partaient les soupirs et les plaintes, je vis une femme assise près d'un berceau. Tantôt elle se levait, et laissant tomber ses bras, comme brisés par la douleur, elle levait les yeux au ciel et faisait une prière : tantôt se penchant sur son enfant elle l'inondait de ses tendresses et de ses larmes : tantôt elle le pressait sur son sein pour lui donner la chaleur et la vie.

Et l'enfant souriait aux pleurs de sa mère, comme pour lui dire, de ne pas pleurer ; parce que son sort était heureux.

Mais son sourire était pâle. Son regard se fixait déjà, et il levait ses petites mains, comme pour prendre son essor. Bientôt un léger sourire effleura sa lèvre blanche, et un soupir jaillissant de son cœur, vint avertir la mère que son âme s'en allait lui faisant un dernier adieu.

Comme un oiseau léger qui chante sur la branche, puis considère le ciel en sautillant, puis enfin pousse un léger soupir, et s'envole pour aller rejoindre les siens, ainsi le jeune enfant entendant le concert des cieux, poussa un cri, et prit sa volée vers les chanteurs ailés de l'éternel printemps.

Et la mère ne voyant que sa perte s'abandonna à toute l'immensité de sa douleur, et se jetant sur le corps inanimé de son fils, elle le tint longtemps pressé sur son cœur.

Quand le prêtre entra, il la trouva plongée dans les larmes et les angoisses, et il voulut la consoler.

« Ce berceau, lui dit-il, n'est pas celui de la mort, c'est le berceau de l'immortalité. Votre enfant n'est pas ce que nous voyons là, un corps froid et sans vie : c'est un ange qui se balance avec amour, sous le regard de Dieu et chante le cantique des gloires divines.

« Ah! ne le plaignez pas ; Dieu a été bon pour lui. Pensez-vous qu'il eut été plus heureux sur la terre?

« Dieu a été bon aussi pour vous : car votre enfant sera sans cesse près de vous pour vous soutenir dans vos tristesses et vos ennuis. La gloire et le bonheur dont il jouit ne lui feront pas oublier les larmes de sa mère.

« Et quand il faudra quitter ce monde de misères, c'est votre fils qui viendra au devant de votre âme, comme au devant d'une mère depuis longtemps attendue.

« Et alors vous bénirez Dieu de ce qu'il a ravi votre fils, si jeune et si pur pour sa royale cour.

« Et vous chanterez avec votre petit ange, l'éternel Alleluia des bienheureux. »

Ainsi parla le prêtre et la mère sentit son âme se consoler. La parole de Dieu lui porta l'espérance, et l'espérance est le baume le plus doux qui puisse adoucir les souffrances d'un cœur en détresse...

Il faut cette espérance au cœur d'une mère qui perd ce qu'elle a de plus cher au monde; sans cela, la vie deviendrait insupportable pour elle.

Et l'Église qui aime tous ses enfants nous envoie des prêtres, messagers sacrés de nos espérance immortelles.

Mais l'impie, qui n'aime personne, souffle le blasphème et son souffle dessèche l'espérance, et les cœurs déchirés, succombent sous le poids intolérable d'une vie sans espoir.

L'impie veut détruire les anges. Il ne veut pas que les enfants qu'on porte en terre revivent un jour. Il veut qu'on les jette dans la fosse, comme ceux qui n'ont que le temps pour vivre, comme ceux qu'on doit oublier.

Il ne veut pas que le prêtre vienne présenter à Dieu, dans son temple, ce trésor le plus précieux de tous les trésors, et qu'il console le cœur de la mère.

L'impie blasphème Dieu. C'est un autre Hérode qui veut atteindre et massacer les innocents dans l'éternité, et le cœur de la mère dans le temps, en lui arrachant l'espérance, artère sacrée qui fait vivre l'âme.

N'écoutez pas l'impie Hérode qui tue jusqu'à ses propres enfants, et qui ne permet pas que l'âme de sa femme vive.

Ne faites pas ce qu'il fait.

Quand vient l'automne, les plantes perdent leur sève et leur vigueur. Elles jaunissent et se dessèchent. Elles s'inclinent vers la terre et s'y couchent ; elles semblent à jamais détruites ; mais le laboureur diligent découvre et recueille dans la plante qui tombe, la semence qui la doit faire revivre à la saison nouvelle, et il jette avec son cadavre, le germe de sa vie en terre. Et la terre dévore ses restes sans vie, les divise, les décompose, puis les rend au laboureur plus verdoyants et plus beaux. Nos corps sont comme les plantes, qui perdent leur sève et se dessèchent aux approches de l'hiver. Ils tombent et semblent à jamais ensevelis ainsi que les ruines des monuments antiques; mais l'Église qui veille sur les siens prend ces corps, et les bénissant, les jette en terre comme des semences d'immortalité. Viendra le printemps où le soleil de toute justice reluira par le monde.

Et la voix de Dieu déchirera la terre, et la mort rendra ses victimes, et ce sera l'éternel *printemps*.

XXXIII

Pourquoi donc arracher l'espérance des cœurs qui ne vivent que d'elle ?

Pourquoi dire au pauvre quand il perd son frère, qu'il ne le verra plus ?

Pourquoi mentir ainsi à tout ce qui est du cœur de l'homme ?

Est-ce qu'il pourrait arriver qu'on ne vive pas au delà de la tombe ? Non.

L'impie voudrait qu'il en fut ainsi; parce qu'il n'a rien de bon à attendre au delà de la tombe; mais l'impie est un menteur.

Il cherche à se convaincre qu'il ne croit pas à son immortalité, à force de le répéter aux autres. Comme l'enfant seul dans le bois crie de toute sa force, pour se convaincre qu'il n'a pas peur, ainsi il va partout ; criant que l'homme ne vit plus après la mort.

Et il ne se doute pas que son acharnement à vouloir renverser le dogme de l'immortalité, convainc ceux qui l'entendent de la crainte, que la perspective de nos destinées futures lui donne.

Mais vains efforts, la foi en l'immortalité est au fond de son âme, quoiqu'il en dise, comme la peur est dans le cœur de l'enfant égaré, malgré qu'il crie.

L'un est aussi certain que l'autre.

N'écoutez donc pas l'impie ; sa parole tue ; car c'est vraiment tuer le pauvre que de lui arracher la seule chose qui le fait vivre, sa foi en l'immortalité.

Il en est qui disent à quoi bon une autre vie, nous sommes heureux ici-bas.

Mais le cœur du pauvre crie plus fort encore : « Je suis trop malheureux, pour qu'il n'y ait pas une autre vie : car pourquoi moi qui n'ai fait rien de mal, suis-je à mendier mon pain, dès le berceau, tandis, que celui-là, qui n'a rien fait de bon se rassasie de toutes les jouissances au banquet social ? Evidemment Dieu s'est mépris, où, il doit mettre ordre à tout cela : sa dernière main, manque à son œuvre.

L'impie veut faire croire que sérieusement, il n'y a rien au delà de la tombe, et pour pousser jusqu'au bout son désir sauvage de destruction, il fait porter son enfant en terre, sans Dieu, c'est-à-dire, sans prêtre, sans croix, sans espérance.

Ah ! malheur au père qui ne veut pas que son enfant vive. Son enfant vivra, et son âme pèsera sur son âme comme une éternelle malédiction.

XXXIV

Quand vous entendrez dire : « Venez ici et je vous donnerai tous les biens : donnez-moi vos enfants et je leur enseignerai les droits de l'homme. Je leur donnerai la liberté et ils seront heureux. »

N'allez pas là, où l'on vous convie : car vous tomberiez dans des pièges.

N'y envoyez pas vos enfants : car vous ne les verriez plus.

On cherche à ravir à vos enfants la protection de leur mère.

Qui est-ce qui les protégera contre les aggressions impies ?

Les méchants ont juré d'arracher à vos enfants les deux ailes qui les font s'élever jusqu'à Dieu ; la prière et l'amour ; parce qu'ils sont lourds eux-mêmes et qu'ils se traînent péniblement dans la boue, comme des serpents.

Ils sont jaloux, et leur jalousie vous veut perdre ; c'est pour cela qu'ils nous engagent à détourner vos fils et vos filles de Dieu. Tremblez, car il n'y a pas d'enfant bon sans la crainte et l'amour de Dieu. Il n'y a pas de vie sans lui

Or qu'est-ce qu'arracher les enfants aux prêtres, si ce n'est les ravir à Dieu.

Et qu'est-ce que les ravir à celui qui seul fait vivre, si ce n'est les vouer à la mort.

Depuis quand vous êtes-vous aperçu que votre enfant devenait moins soumis et moins affectueux à mesure qu'il approchait d'avantage de Dieu et de ses prêtres.

Y a-t-il au monde une doctrine qui ait plus inspiré l'amour et le respect des hommes et de l'État, que la doctrine du Christ ? Non !

Autrefois on proposa à un empereur romain de massacrer tous les soldats chrétiens qui se trouvaient dans son armée : « Dieu m'en garde s'écria l'empereur, les chrétiens sont les meilleurs soldats et les plus bienfaisants citoyens de mon empire. »

6.

Il en est de même aujourd'hui ; les chrétiens sont toujours les plus zélés défenseurs de la patrie et les plus soumis aux lois qui les gouvernent.

Mais ceux-là sont traîtres envers la nation, et perturbateurs de la société, qui sans cesse excitent le peuple par des promesses qu'ils ne peuvent pas tenir.

Lorsque le cri du milan retentit dans les airs, les jeunes oiseaux vont se dispersant avec effroi, et la poule étendant ses ailes appelle ses petits, les couvre, les presses sur ses flancs, et les sauve ainsi des griffes de l'oiseau ennemi.

Le cri de l'oiseau de proie s'est fait entendre dans le monde, et tous les cœurs sont dans la crainte et le silence, et l'on entend le léger battement d'aile de l'ennemi qui descend, en tournoyant dans l'air.

Mais l'Église, notre mère, a déployé ses ailes. Elle convie tous les siens à s'attacher à ses flancs maternels, pour les couvrir ensuite de ses ailes.

Malheur à ceux qui n'auront pas entendu la voix de leur mère. Ils tourneront autour d'elle avec effroi, et ne pourront trouver de refuge nulle part.

Et le milan les prendra dans ses serres et ils seront déchirés.

XXXV

Comme l'hirondelle que le méchant arrête dans sa course vers le printemps ; j'ai crié vers vous, Seigneur !

Seigneur écoutez ma plainte !

Comme le passereau que l'oiseleur retient captif et qui se débat dans ses rets ; j'ai crié vers vous, Seigneur !

Seigneur écoutez ma plainte !

Comme l'oiseau que le serpent fascine et attire pour le perdre ; j'ai crié vers vous, Seigneur !

Seigneur écoutez ma plainte !

Comme l'enfant arraché du sein maternel ; j'ai crié vers vous, Seigneur !

Seigneur écoutez ma plainte !

Comme la colombe que le vautour saisit dans ses serres, se débat sous le soleil, et pousse des cris plaintifs, ainsi je me débats, sous votre regard Seigneur, et crie vers vous de toute mon âme !

Seigneur écoutéz ma plainte !

Seigneur, je fais aussi ma course vers le printemps, et le méchant me poursuit et me veut arrêter.

Seigneur venez à mon aide !

Le méchant a tendu ses rets perfides, il a jeté à mes pieds tous les appâts qui peuvent exciter ma convoitise !

Seigneur délivrez moi des embûches du méchant !

Le méchant veut me briser les deux ailes que vous m'avez données, la prière et l'espérance, afin que je ne puisse plus monter et aller jusqu'à vous !

Seigneur, sauvez mes ailes des mains du méchant ! !

Le méchant me regarde sans cesse et son regard me séduit !

Seigneur ! Seigneur délivrez moi des regards du méchant !

Le méchant veut me ravir la protection de ma mère l'Église, encore que je sois jeune et faible et sans aucune défense !

Seigneur gardez moi près de vous ! !

Le méchant veut me prendre dans ses griffes et me déchirer !

Seigneur ! Seigneur ! ! Je le sens près de moi, Seigneur voyez mon angoisse et soyez mon refuge à l'heure du danger ! !

XXXVI

Le ciel était voilé. La nature recouverte

d'un brouillard lourd et pesant, ne permettait pas aux regards de contempler ses beautés. Tout était triste par le monde. Toutes les nations émues étaient dans l'attente et le silence ; mais un silence terrible, parce qu'il est le précurseur des tempêtes.

Ainsi avant que la nature ne s'agite par de violentes secousses, avant que les vagues ne s'élèvent en montagnes d'eaux menaçantes ; tout se recueille. Les flots murmurent à peine en mourant sur la rive. Le vent bruit légèrement dans les feuilles, et les arbres se tiennent immobiles, comme pour écouter une voix lointaine.

Les peuples étaient comme la nature debout sans mouvement. Quelque chose de grand allait s'accomplir, et ce silence dura longtemps si longtemps qu'on crut qu'il n'allait pas finir, et, que les peuples allaient s'endormir du sommeil de la mort, sans avoir seulement vécu.

Enfin le monde s'émut. L'on entendit de vagues et lointaines rumeurs s'approcher peu à peu, et bientôt ces rumeurs devinrent des cris séditieux.

Et ce fut le tumulte.

Ainsi l'on entend dans les bois un vent léger qui agite seulement les feuilles, puis un vent plus fort, qui secoue les branches, puis enfin un vent violent, qui fait tomber les bois morts et déracine les arbres.

Alors l'on vit un point noir à l'horizon, puis ce point noir se développant devint un nuage immense, noir, épais, qui couvrit tout le ciel. Et ce fut la tempête.

Tout à coup un éclair sillonna la nue et la foudre éclata.

Et l'on entendit un fracas effroyable comme celui de toute une ville qui tombe.

La foudre du ciel avait frappé tous les monuments élevés par l'orgueil à la gloire des hommes, et tout un peuple en larmes était assis sur les ruines.

La foule des nations et des peuples, avertie par ce fracas effroyable qui l'avait ébranlée, et dirigée par la lueur des flammes qui consumaient la grande cité, accourut pour en recueillir les cendres, après avoir été témoin du plus grand spectacle que le monde ait vu.

C'était un tumulte de cris déchirants, de douleurs et d'angoisses, mêlés de cris de joie et de rires sardoniques; et alors sur cet amas confus de ruines amoncelées, un homme s'avança, gravit péniblement la montagne de décombres, et s'assit dessus comme sur un trône.

Cet homme magnifiquement vêtu avait les mains liées, et sur la tête en guise de couronne, un bandeau d'écarlate qui lui fermait les yeux.

D'autres hommes entouraient son trône et se prosternaient devant lui en ricanant.

L'homme aux yeux bandés se leva, et prononça quelques mots qui se perdirent dans le tumulte.

Alors le silence se fit, et au milieu de l'enceinte, parurent deux femmes d'une éclatante beauté: l'une portait sur son front une couronne royale, car elle était reine.

L'autre au visage austère était plus grande, marquait un âge plus avancé, et portait une croix sur son front.

On la disait sa mère.

Toutes deux étaient tristes, et comme accablées sous le poids d'une immense douleur.

Et la reine soutenue par sa mère, s'avança jusqu'au pied du trône, où se trouvait le tyran aveugle et enchaîné.

Et ceux qui l'entouraient se levèrent et présentèrent à leur maître le jugement qu'il avait à prononcer sur la reine.

Et en ce moment, deux autres femmes se placèrent près du trône, à droite et à gauche, comme témoins et accusatrices. L'une d'elles était couverte d'or et de pierres précieuses : l'autre, avait un casque sur la tête et un sabre à la main.

Et elles étaient dans une joie inexprimable.

Le tyran tout tremblant se dressa sur son trône. Il balbutia quelques mots et retomba sur son siége, comme épuisé de l'effort qu'il avait tenté et déchiré de remords,

Et aussitôt les bourreaux s'approchèrent de la reine, lui enlevèrent sa couronne, lui arrachèrent ses habits, et l'étendirent enchainée sur le sol.

Et la mère, les bras tendus et les mains jointes, pleurait et gémissait près de sa fille.

Elle s'agenouilla au pied du trône comme pour demander une grâce : mais elle en fut violemment repoussée.

Et comme tout le monde était dans l'attente, la femme de fer s'approcha du trône, et soulevant une trappe, qui était à fleur de terre, elle en fit sortir un monstre.

Celui-ci la gueule toute sanglante, bondit d'abord, et promena son œil tout de flamme sur la foule assemblée. Il s'approcha doucement de la grande victime qu'on lui avait préparée et lui lécha les pieds ; mais dominé par l'œil de la mère qui assistait sa fille, il n'osait point aller outre.

Et il s'arrêta tout à coup, se mit à tourner sans oser approcher. La crainte de la mère le tenait à distance.

Alors les ministres et la femme d'or et la femme de fer, l'excitèrent; mais la mère qui soutenait sa fille dans son malheur la protégeait contre toute atteinte, par son regard terrible, et le monstre rugissait en tremblant.

Ce voyant, ceux qui entouraient le trône arrachèrent la mère par violence d'auprès de sa fille.

Et le monstre aussitôt se précipita sur la reine et lui déchira le sein.

Elle poussa un cri terrible, si terrible que tout le monde en retentit et tous les cœurs furent émus.

Et elle expira dans des angoisses indicibles.

Et un second cri se fit entendre, comme un écho lointain de la douleur dernière : c'était celui de la mère désolée répondant à sa fille.

Et tandis que tous étaient dans l'émoi, la femme de fer et la femme d'or ricanaient encore.

Et les peuples furieux regardant le tyran hurlèrent avec force :

Vengeance ! Malédiction !

XXXVII

Le ciel devint plus sombre et la nature plus triste : c'était un deuil immense pour l'univers que cette mort.

Et tous les peuples pleurèrent.

Alors le monstre sauta sur le trône où se trouvait le tyran pâle et tremblant, et il le dévora à son tour.

Ce fut aussitôt une joie immense : car on crut la tyrannie éteinte avec la mort du tyran. Et le monstre ivre de sang, descendit et vint aussi dévorer la femme d'or et la femme de fer, qui s'étaient réjouies.

Après ce carnage le monstre rugit en regardant la foule et tous les peuples furent dans la terreur.

Partout où il dirigeait ses pas, l'effroi le précédait toujours et les hommes parcouraient les bois pour y trouver un refuge ; d'autres couraient au devant de lui et se prosternaient à ses pieds.

Et le monstre prit la place du tyran, et imposant aux peuples son joug, il les conduisait avec les rênes de la peur et de la tromperie.

Mais Dieu ne permit pas que son règne dura longtemps : car s'il eut permis à cette tyrannie de peser encore sur les hommes, ceux-ci auraient séché de frayeur.

Il régna par la terreur et sema la division, fille naturelle de l'effroi : car les peuples n'osaient point se regarder dans la crainte que leurs regards ne fussent pris pour des actes de rébellion.

Comme les oiseaux assemblés en un arbre se dispersent au moindre bruit, ainsi les hommes se fuyaient au lieu de s'unir sous une même pensée.

Bientôt l'homme n'eut plus sa femme, ni la femme son mari, et l'on vit des enfants pâles et nus, parcourir les villes et les campagnes, en criant et demandant leur père et leur mère.

Et les passants les regardaient tristement sans oser leur témoigner de la pitié.

Et le monstre insatiable de carnage, ne voulant rien supporter qui lui rappelât les souffrances et les misères du peuple, les fit prendre et jeter dans les fers où ils périrent misérablement.

Et tout le peuple murmurait en lui même : Quelle misère !

Cependant bien qu'ils fussent dans les fers, tous les hommes voyaient partout la liberté inscrite sur tous les murs.

Le monstre répétait sans cesse. Liberté ! Liberté ! et il empêchait les hommes d'être libres.

Il disait encore : Liberté de conscience ! Liberté de culte ! Liberté dans ses choix ! Liberté en tout. Et il n'était pas permis au père de famille de nourrir ses enfants de la vérité dont on l'avait nourri lui même, de la vérité qui est le pain de l'intelligence, comme il n'était pas permis à la mère de nourrir son enfant de son lait.

Le père ne pouvait rien sur son fils : sitôt que l'enfant croissait, on l'arrachait au foyer pour le livrer aux écoles sans Dieu, où le monstre les faisait nourrir du poison de ses doctrines.

Et l'enfant sacrifiait son cœur et son honneur et sa liberté, pour être l'esclave dégradé d'un tyran.

Le monstre publiait partout la fraternité, et toutefois il n'était pas permis aux hommes de s'unir entre eux et de s'aimer : car leur union et leur amour auraient été leur force contre la tyrannie.

On voyait partout l'égalité en lettres d'or : mais nulle part en effet ; car l'égalité n'est pas de ce monde.

L'injustice était partout : le monstre donnait toutes ses faveurs et ses grâces à ceux qui l'aidaient dans son travail de ruine.

Enfin le jour de Dieu se leva, et un cri retentit d'un pôle à l'autre : Vengeance ! Malédiction !

Les peuples s'émurent, las de tant d'ignominies et d'oppression.

Ils se pressèrent tous en armes autour du monstre et ils l'égorgèrent.

Et la Révolution fut détruite.

Et aussitôt un autre cri se fit entendre qui appelait la mère désolée, pleurant encore la mort de sa fille, et elle accourut à l'appel des peuples.

Et s'agenouillant sur les restes de la reine immolée à la fureur révolutionnaire, elle les couvrit de son manteau, et soufflant sur ses os, elle leur ordonna de se ranimer.

Et la France docile à la voix de sa mère l'Église se leva. Et le peuple fut sauvé de l'esclavage.

Et l'étendard de la croix flotta sur les cendres que la tyrannie avait faites.

XXXVIII

Seigneur votre bonté est grande mais votre justice l'égale.

Cependant ne permettez pas que ce temps, qui est si près de nous, soit de longue durée.

Si vous laissez à l'impie, un empire trop grand, si vous donnez à ses attaques la victoire, et le triomphe à ses blasphèmes, qu'adviendra-t-il de nous qui vous aimons !

Seigneur, secourez-nous, nous périssons.

Déjà l'impie à répandu son souffle corrupteur jusque dans nos campagnes, et les campagnes autrefois si prospères et si calmes, sont ingrates et désolées.

Seigneur venez à notre aide : nous tombons sans votre secours.

Le laboureur vivait heureux autrefois, au milieu de ses champs, fraîchement labourés. Il contemplait d'un œil tranquille et satisfait, ses troupeaux bondissant dans les gras paturages. Aujourd'hui ce n'est plus cela. Maintenant les choses sont changées.

L'horizon de ses biens que dentellent au loin des collines de vignes grimpantes et dorées, ne sourit plus à ses yeux inquiets.

Mille pensées agitent sa tête et tourmentent son cœur.

Seigneur, mettez le calme dans l'âme du laboureur : car le trouble et l'agitation y sont répandus ! !

On lui a dit qu'il était ignorant, et qu'une

vie simple et frugale comme la sienne n'était plus de notre siècle et de ses progrès.

Et voici que ses riches moissons ne le satisfont plus, que la fécondité de ses troupeaux ne réjouit plus son cœur, que les chants de ses hommes battant les épis chargés de grains dans l'aire ne raniment plus son âme.

Les ambitions qui dormaient dans la vie douce et modeste qu'il menait auprès de sa compagne et de ses enfants, on les lui a réveillées. Et il a cru qu'on était plus heureux dans les villes, dans ces grands ateliers, où les hommes servent de machines; et il n'a plus de repos. Lui qui n'avait pas d'ambition est dévoré par la soif des richesses et des choses du temps.

Seigneur, détrompez ceux qu'on abuse; soutenez-les dans leur faiblesse.

L'impie dit dans le foyer modeste de l'artisan qui travaille, que toutes ses idées et sa foi religieuse sont choses ridicules aujourd'hui, choses naïves qui ne peuvent convenir qu'aux femmes et aux enfants, mais que la fierté humaine ne peut pas supporter plus longtemps. Il faut s'affranchir de tout cela.

Seigneur confondez l'impie et protégez la simplicité et la droiture de l'homme juste contre les séductions de l'ennemi.

Ah! n'écoutez pas l'impie : son souffle

comme l'haleine du serpent sent le cadavre et la mort, qu'il porte en lui même.

Il dira encore à l'enfant qui n'a pas sa raison complète : « Vois-tu là-bas cet homme noir, il faut le détester ; car c'est un prêtre. » « Mais, lui dit l'enfant, cet homme m'aime ; je le vois secourir partout le pauvre et le consoler. Tous les jours accourent dans sa demeure des hommes qui ont faim, et il leur donne à manger, qui ont soif, et il leur donne à boire. » — « Oui, c'est vrai, mais qu'importe, dit l'impie ; c'est un prêtre, et un prêtre doit être détesté, quelque bien qu'il fasse ; car il est prêtre, et il arrache le peuple aux passions qui le perdent et à nos convoitises. »

Seigneur, contre la fureur de l'impie, protégez l'enfant innocent ?

L'impie dit des choses pareilles au jeune homme livré à ses passions ; et celui-ci le croit, et il s'élance plus avant dans les voies désordonnées, secouant toutes les entraves que la religion lui oppose pour soutenir sa faiblesse. Et il tombe et s'épuise par le vice, et appelle le prêtre qui du moins ranime l'espérance éteinte dans son âme dévoyée.

Seigneur ! Seigneur écoutez nos soupirs. Du fond de l'abîme des misères, nous crions vers vous : sauvez le jeune homme de l'esclavage des passions, et du désespoir éternel !

XXXIX

Le peuple qui aime l'injustice est un peuple perdu, car l'injustice est une oppression, et l'oppression est le renversement de la liberté.

Y a-t-il un peuple qui puisse vivre sans liberté ?

Non !

Quiconque commet une injustice porte atteinte à la liberté, et quiconque porte atteinte à la liberté étouffe le principe même de la vie du peuple.

Si donc le peuple commet lui-même une injustice ou souffre qu'on la commette dans son sein, il forge ses propres fers, pour son esclavage futur.

Lorsque Jésus passait parmi les hommes, il disait : « Ne faites pas aux autres ce que vous ne voudriez pas qu'on vous fît. Il vous sera fait suivant ce que vous aurez fait aux autres. Si vous êtes justes pour les autres, les autres le seront pour vous. »

Si un peuple est injuste il sèmera la division dans son sein : car l'injustice appelle la haine et la haine divise.

Si au contraire, il fait régner la justice, il

sera fort : parce qu'il sera composé d'hommes qui s'aiment et qui sont unis, et que la vie et la force des peuples est dans l'union et l'amour des hommes entre eux.

Mais les oppresseurs qui sont faibles, ne veulent point que le peuple soit fort : car ils veulent en être les maîtres. C'est pour cela qu'ils poussent les hommes à l'injustice et partant à la haine et à la division, ses filles naturelles.

Or, est-ce juste d'enlever au père de famille la plus chère et la plus précieuse de ses libertés et de ses droits, le droit d'élever ses enfants ?

Est-ce justice de semer la haine et la discorde dans une société ? Non !

Et malheur à ceux qui abusent des passions du peuple et qui les exploitent à leur avantage !

Tôt ou tard le peuple s'apercevra qu'on travaille à sa ruine ; et la vengeance du peuple abusé est terrible.

XL

Les hommes sont faits pour s'aimer les uns les autres : car ils sont faits pour vivre en société, et il n'y a pas de société sans amour.

C'est pour cela que le Christ qui aimait les hommes disait sans cesse :

« Aimez-vous les uns les autres. »

S'il n'y a pas de sociétés sans amour, il n'y a pas non plus de justice sans amour ; car celui qui n'aime pas, ne vient pas en aide à son frère qui souffre. Et celui qui pouvant secourir son frère ne le fait pas, commet une injustice ; parce que Dieu n'a donné le superflu aux uns que pour le bien et le soulagement des autres.

Or, qui commet une injustice porte atteinte à la liberté. Donc qui n'aime pas son frère et ne lui porte pas secours, renverse la liberté fille de l'amour.

Il n'y a donc pas de liberté sans amour.

Et la charité est le premier besoin de l'homme et son plus grand devoir.

LXI

Ah ! si les hommes savaient ce que c'est qu'aimer ! On ne verrait ni injustice ni oppression, ni misère parmi eux et une paix heureuse et une fraternité parfaite les uniraient entr'eux, et le monde serait pour eux, non pas une vallée de larmes, mais un lieu de délices.

La société est un corps et les hommes en sont les membres. Peut-il se faire qu'un membre souffre et que les autres n'éprouvent rien ?

Oui, si les membres sont séparés et indifférents les uns aux autres.

L'amour est ce qui maintient les membres d'une société dans la solidarité des mêmes joies et des mêmes tourments.

Mais l'homme venant dans le monde, y paraît en pécheur : couvert de défauts il n'aime que lui-même. Tous les germes de division et d'égoïsme sont en lui. C'est pour cela que le Christ qui connaissait les hommes leur fit un commandement de sacrifice et d'abnégation.

«Aimez vos semblables comme vous mêmes.

Donnez à ceux qui n'ont pas !

Pardonnez à ceux qui vous offensent !

Rendez le bien pour le mal !

Je vous ai donné l'exemple afin que vous fassiez comme j'ai fait moi-même. »

Mais après le Christ sauveur des hommes, sont venus des hommes pervers, et ils ont soufflé une doctrine de haine et de ruine.

Et ces hommes ont été crus, parce qu'ils flattaient les passions populaires.

Et sous leur souffle les sociétés ont marché à leur ruine.

Il en est qui veulent encore, aujourd'hui, arracher les enfants à la doctrine du Christ, qui étouffe l'égoïsme et dit qu'il faut aimer.

Et refusant la doctrine d'amour qui donne la vie, ils soufflent la doctrine de haine qui conduit à la mort.

Voulez-vous que vos enfants soient élevés dans l'égoïsme et la haine ?

Ou voulez-vous qu'ils apprennent à aimer ceux qui souffrent, à être généreux et dévoués, à compatir aux douleurs des hommes?

Choisissez entre ces deux doctrines ; mais sachez qu'il s'agit de la vie et de la mort de la société.

Où peut-on puiser l'amour qui fait vivre, si ce n'est dans celui qui est la source de tout amour et de toute vie.

Il en est qui disent que la doctrine du Christ dessèche le cœur.

Comment l'amour, le sacrifice et la générosité peuvent-ils dessécher le cœur ?

Or, le christianisme est compris dans ce mot : « Amour. »

Voudriez-vous priver votre cœur du bonheur d'aimer ? Non.

L'amour est un bien qu'on ne peut ravir à l'homme.

Son cœur est sans cesse ouvert comme le calice d'une fleur pour recevoir la douce rosée de l'amour qui fait vivre.

L'amour unit les hommes entre eux. Comme des adolescents jeunes et beaux, qui entreprennent un long voyage, les bras placés autour du cou ils se soutiennent mutuellement, lorsqu'ils défaillent, se consolent lorsqu'ils souffrent, et accomplissent joyeusement leurs destinées éternelles.

L'amour est la fin de l'homme ; puisque le ciel n'est qu'amour, et qu'il est fait pour le ciel.

Aimer donc sur la terre, c'est un avantgout du Paradis.

Et vous voudriez refuser à vos enfants le bonheur d'aimer ?

XLII

Que faut-il penser de tous ceux qui, sous le nom de liberté, de fraternité et d'égalité ne sèment partout qu'oppression, haine et injustice, si ce n'est qu'ils sont les plus cruels de tous les tyrans, et les plus perfides de tous les persécuteurs.

Ils maudissent Dieu parce qu'ils ne sont pas justes.

Que peut-on attendre de ceux qui maudissent l'amour, si ce n'est la haine ?

Or, Dieu est la source de tout amour ou de tout bien.

Celui qui n'aime pas Dieu ne peut aimer son prochain ; il n'aime que lui-même.

Et s'il aime quelque chose, c'est par passion et par égoïsme, et partant pour lui même.

Chasser Dieu d'une société, c'est donc chasser l'amour, et la fraternité, et la liberté, et l'égalité : car, sans amour tous ces mots sont des paroles trompeuses dont se couvre la tyrannie.

Aimons ceux qui n'aiment pas ; car l'amour attire l'amour, et disons du fond du cœur :

« Seigneur qui êtes amour et qui aimez le Christ, votre fils, répandez l'amour parmi les hommes, et qu'ils s'aiment et soient unis comme les enfants d'un même père.

« Que leur union les rende forts et puissants contre toute injustice, et contre ceux qui blasphèment votre nom !

« Et qu'ils établissent sur la terre le règne du Christ qui a renversé les tyrans, et sauvé les hommes de la servitude.

XLIII

Au commencement l'homme ne vivait que d'amour ; parce qu'il était dans le jardin du bonheur et que son bonheur est d'aimer.

Mais bientôt l'esprit des ténèbres et de haine, jaloux du bonheur de l'homme, voulut le perdre.

Et sachant que Dieu était son bien, il l'en sépara pour sa ruine.

Dès lors, la haine entra dans le monde avec son attirail de ruines, et tout homme en porte les germes corrupteurs dans son sein, et s'il ne les étouffe point par l'amour, il devient une source de division et de discorde pour ses frères.

Il en est ainsi des sociétés.

Tant qu'elles restent unies au seul principe qui les maintient dans l'ordre, tant que Dieu en est la base, elles demeurent fermes et inébranlables, mais sitôt qu'elles se mettent en révolte contre Dieu, Satan souffle la haine dans leur sein, et cette haine est comme un ver qui les ronge et les tue.

Il répand sur elles l'esprit de vertige qui les fait s'élancer à l'aventure dans une suite inextricable de chutes et de ruines.

Une société sans Dieu est une société sans amour et partant sans liberté ; car c'est l'amour qui rend libre et laisse la liberté aux autres.

Sans égalité ; car c'est l'amour qui égalise les cœurs et les conditions humaines.

Sans fraternité ; car, quelle fraternité peut exister entre des hommes qui ne s'aiment point.

L'homme devient pour l'homme un étranger et non un frère, et chacun suit sa voie sans se soucier des autres, tête baissée et le cœur fermé.

D'où vient l'oppression ? De la haine.

D'où vient l'injustice ? De la haine.

D'où vient l'ambition ? De la haine.

D'où vient l'égoïsme ? De la haine.

Et la haine ? De l'absence de Dieu.

De sorte que plus Dieu est éloigné, plus la haine est profonde, plus l'oppression est grande.

A mesure qu'on repousse Dieu, Dieu se retire, et Satan qui guette incessamment l'absence de Dieu dans la société, pour saisir l'homme dans sa faiblesse et son impuissance, s'approche, s'introduit dans le foyer et dans le corps social, précédé de l'injustice et de l'orgueil, et suivi de la haine, de la discorde, et de toutes les misères humaines.

Ah! malheur au peuple qui repousse Dieu.

Satan fondra sur lui avec ses légions innombrables.

Il le séduira, comme il séduisit le premier homme, et le peuple sera rongé par la haine et dévoré par les ambitions.

Satan n'a-t-il pas déjà lancé ses légions?

L'injustice a paru, l'orgueil est à son faîte, et l'on se demande jusqu'où l'homme va monter.

Tenons-nous en garde contre les légions de Satan.

XLIV

En ce temps-là les cieux s'ouvrirent : un ange me prit sous ses ailes d'azur, et fendant l'air d'une course rapide, me porta jusqu'au pied du trône où se trouvait l'Agneau.

Et je vis des myriades d'anges qui montaient et descendaient comme dans un Océan de lumière.

Et leurs divers mouvements faisaient un doux murmure, comme un murmure de mystère, d'adoration et d'amour.

Et ces myriades d'anges chantaient un cantique que l'oreille de l'homme peut à peine entendre : mais que ni son cœur, ni sa bouche ne peuvent rendre : « Saint, saint, saint est le Dieu des armées. »

Et au dessus de ces myriades d'anges il y en avait encore d'autres, qui s'élevaient en ordre de bataille et c'étaient les Archanges, les Principautés, les Puissances, les Vertus, les Dominations, les Chérubins et les Séraphins.

Et ils étaient tous rangés en amphithéâtre, comme pour assister à un grand spectacle.

A leur tête étaient deux esprits plus éclatants que les autres ; c'était Lucifer d'un côté, et saint Michel de l'autre.

Et ils étaient là tous recueillis et comme sous le poids de la majesté divine, murmurant l'amour et chantant des cantiques.

Et ils dirigeaient leurs regards et leurs vœux, vers un même point du ciel.

Et je regardais aussi de ce côté, tout ému et tout tremblant, et je vis Dieu assis sur les ailes d'autres anges qu'on appelle pour cela Trônes de Dieu.

Et regardant Dieu, je vis en lui, le Père, le Fils et le Saint-Esprit ; et quand mes yeux voulaient les considérer séparément, ils ne voyaient plus rien.

Et je regardais le Père, et je voyais du même regard en lui, le Fils et le Saint-Esprit.

Je regardais le Fils, et je voyais en lui le Père et le Saint-Esprit.

Je ne pouvais les séparer l'un de l'autre, et cependant je voyais trois personnes.

Je ne pouvais pas comprendre ; mais je voyais.

Et j'étais comme brisé d'admiration, et je ne trouvais rien en moi, ni autour de moi, qui me rappelât moi, ni rien de ce qui est du monde.

Et mes lèvres murmuraient avec les anges : « Saint, saint, saint est le Dieu des armées. »

Et l'on entendit d'autres voix comme un écho venant des profondeurs des cieux.

« Saint, saint, saint est le Dieu des armées. »

Et comme on chantait encore Dieu se mût sur son trône et aussitôt les cieux frémissants se turent, et les anges se prosternèrent. Et il y eut un silence profond comme les cieux, et tous les esprits se tinrent en suspens.

Et le Fils de Dieu descendit du trône de Dieu, qui était le sien, et se plaçant au milieu de l'enceinte, il déroula toute la suite du plan divin, pour l'œuvre de la rédemption humaine. Il parut en homme et en homme du peuple, pauvre et dépouillé comme le dernier des hommes.

Les anges frémirent sur leurs sièges d'or, mais le Père se levant leur montra cet homme qui était son Fils et il leur dit : « Voici mon Fils et partant, celui qui est Dieu ; car le fils d'un Dieu, ne peut être que Dieu, tout autant que son Père.

« Adorez-le donc, et que tous les cieux se prosternent devant lui. »

Et il y eut un moment de silence ; les uns se prosternèrent et adorèrent le fils de Dieu fait homme en chantant : « Saint, saint, saint est le Dieu des armées.

« Béni soit celui qui vient au nom du Seigneur. »

Et tout d'un coup un cri partit de l'autre côté du trône même de Dieu : un cri terrible ; les cieux en furent ébranlés.

« Non serviam ! je ne servirai pas ! Je ne reconnais pas cet homme pour mon Dieu, car je suis plus grand que lui, il se fait trop petit pour mériter mes hommages. »

Et une multitude d'autres voix répétèrent le même blasphème : et un autre cri partit de l'autre côté du Trône : « Qui est comme Dieu ! qui peut faire de lui-même ce qu'il veut, ainsi que de nous !! »

Et Dieu sans s'émouvoir créa l'abîme, et les anges fidèles se jetèrent à la suite de Michel sur les révoltés, et les précipitèrent dans l'abîme.

Et ce fut pour l'éternité !

XLV

Il est encore sur la terre des hommes imitateurs de la révolte des anges. Il en est qui ont poussé le cri du blasphème et de l'ingratitude, lorsqu'on a proposé à leur adoration le fils de Dieu fait homme, et homme du peuple. Ils ont dit dans leur orgueil insensé : « Cet homme est trop homme, trop pauvre, trop misérable pour être Dieu. » D'autres ont reconnu la divinité de cet homme dans les marques mêmes de sa pauvreté, et dans les misères de son humaine nature, et ils ont dit dans leur droiture et leur sagesse : « Il n'y a que Dieu qui puisse être si grand dans une si profonde misère, et dans un dénûment si complet, » ; et ils ont reconnu Dieu dans les langes de la crèche, dans les souffrances du Calvaire, dans les ignominies de la croix et dans la mort. Dieu est homme. Et pourquoi ne le serait-il pas ? Ne peut-il pas descendre aussi bien que monter, pourvu qu'il soit Dieu dans ses bassesses et dans ses chutes, aussi bien que dans les sublimes et inaccessibles hauteurs de son ciel ?

Est-ce du reste bien bas descendre pour un Dieu que de se faire homme, lorsqu'il demeure si grand avec nos misères et si fort avec nos faiblesses ?

Non, non, un homme si grand, si sublime, et qui remplit le monde de son amour, et de son admiration durant vingt siècles, malgré son humanité, malgré ses misères, ses souffrances et ses faiblesses et sa mort, ne peut être qu'un Dieu.

Il n'est pas dans la nature des hommes de vaincre par la faiblesse, d'éblouir par la bassesse et l'ignominie : cela est d'un naturel divin, et ne peut venir que d'une puissance divine !

Notre siècle, entre tous, a nié le Christ sauveur du monde, honneur et gloire du peuple. Cela va de soi : les esprits infernaux qui mènent les hommes et leur inspirent toute leur malice, toujours dévorés d'une immense jalousie ne pouvaient s'empêcher de pousser aussi dans le monde le cri de la révolte qui les précipita dans l'abîme.

Mais malheur aux hommes qui nient le Christ et qui refusent de le servir. Il leur adviendra ainsi qu'aux anges révoltés. L'ange

Michel brisera leur orgueil et les jettera pour toujours, là où on maudit Dieu, et où l'on souffre des souffrances éternelles.

Le peuple n'a jamais méconnu le Christ : ce n'est pas lui qui le condamna de lui même et qui le fit mourir. Ce n'est pas le peuple dans son sens rassis : mais le peuple abusé, le peuple dont on avait excité les passions pour lui faire crier le cri sauvage de la mort : « Crucifiez-le, crucifiez-le ! »

Le peuple a besoin du Christ, il l'aime ; parce qu'il s'est fait pauvre et malheureux, pour lui.

Le Christ le console et le soutient : mais ceux qui ne sont pas du peuple, nient le Christ et lui veulent arracher ses enfants qui ont besoin de lui.

Aujourd'hui le blasphème court le monde sans rencontrer des mains puissantes qui l'étouffent à la gorge. Le peuple en subit le souffle qui l'empoisonne et l'étend nu et sans espoir dans sa misère.

Mais viendra le temps où le peuple malheureux étendant son bras décharné, et dépouillant les langes du sommeil dans lequel on le berce, brisera le joug de la négation du Christ et l'oppression plus intolérable encore de ceux qui montrent partout le despotisme et l'asservissement, afin d'imposer ainsi à loisir et à la faveur du mensonge, les chaînes de l'esclavage qu'ils forgent, dans les ateliers de la liberté.

Et alors le peuple se redressant avec courage brisera les fers qu'on lui impose au nom de la liberté.

Et quand un cri de blasphème retentira par le monde contre le Christ, il regardera du côté d'où le cri est venu, et pressant les flancs de son coursier, il volera pour venger l'injure faite au fils de Dieu, devenu fils du peuple, sauveur de l'humanité et vainqueur des tyrans.

XLVI

Et le silence se fit dans le ciel. Je regardai autour de moi, et je vis un vide immense, causé par la désertion des révoltés.

Dieu se reposa sur son trône d'anges et de lumière, et le Fils qui se trouvait au milieu de l'enceinte parla :

« Père, les anges rebelles ont déjà séduit
« l'homme, et il est tombé, et votre justice
« infinie réclame une juste vengeance ; mais
« Père, me voici ! exercez vos rigueurs sur
« moi. »

Et les anges étonnés chantèrent : « Puissance, Amour, Gloire, à l'agneau qui veut s'immoler. »

Et le Père reprit : « Votre amour est immense, mon Fils ; mais nous sommes un Dieu qui ne peut expier et qui ne peut souffrir. »

Et les anges chantèrent : « Saint, saint, saint est le Dieu des armées. »

Et le fils parla encore : « Mon Père, il est vrai, je suis Dieu comme vous et je ne puis rien souffrir et partant rien expier ; mais je me ferai homme, et cet homme que je prendrai, sera Dieu parce qu'il ne vivra que par ma substance.

« Ce n'est pas moi qui souffrirai puisque je suis Dieu ; mais ce sera l'homme que je prendrai, que je ferai mien, que je ferai moi. C'est lui qui expiera pour tous les hommes sans remise aucune, lui tout seul. Ce sera l'homme qui expiera : mais comme sa réparation doit être immense, c'est ma divinité, par qui cet homme subsistera, qui rendra sa réparation infinie. »

Et tous les anges dans l'admiration chantèrent : « Béni soit celui qui vient au nom du Seigneur. Puissance, Amour, Gloire à l'agneau qui s'immole. »

Et la voix du Père retentit encore sous les voûtes éternelles, et elle disait : « Qu'il en soit ainsi, mon bien aimé !!! »

Et tout le ciel reprit : « Que les hommes soient sauvés par l'Amour et la Justice. Qu'il en soit ainsi, O Fils de Die ! »

XLVII

Quand les temps furent accomplis, le Fils de Dieu descendit parmi nous et se fit fils de l'homme, pauvre et nu comme le dernier d'entre nous.

Les anges chantèrent : « Gloire à Dieu au plus haut des cieux et paix sur la terre aux hommes de bonne volonté ! »

Et les hommes se disaient en désignant Jésus : « C'est le fils du charpentier. »

C'est ainsi que Dieu a aimé les hommes !! C'est ainsi qu'il vous a sauvés, hommes du peuple !

Demandez encore à la terre, si elle ne s'émeut pas au souvenir du Christ ?

Interrogez votre cœur et voyez s'il ne palpite pas au seul nom de Jésus ?

Jésus vous a aimés, vous tous qui gémissez sous le poids de la pauvreté. Il s'est fait pauvre comme vous, pour connaître d'expérience nos misères et les mieux soulager.

Jésus s'est fait souffrant, ô vous tous qui poussez vers le ciel, le cri de l'angoisse et de la détresse ; il sait vos souffrances, et désormais, votre cri déchirera la nue qui voile Dieu à vos regards mortels et il percera le cœur même de Jésus.

Jésus a subi l'injure des hommes ; il a passé par toutes les hontes, a été mis à l'égal des scélérats les plus infâmes, pour relever le front abattu de ceux que les hommes couvrent de leur mépris.

Jésus a été captif pour vous affranchir. Il a porté la peine de la vie pour soulager la vôtre. Il a pleuré pour sécher vos pleurs, souffert pour adoucir vos souffrances.

Il est mort pour vous rendre immortels.

Et c'est là l'héritage sacré, qu'il vous a laissé sur le mont du Golgotha en poussant le cri triomphal de son amour :

> Tout est consommé !
> J'ai sauvé le monde !

FIN.

Paris-Auteuil. — Imp. des Apprentis-Orphelins.

www.ingramcontent.com/pod-product-compliance
Lightning Source LLC
Chambersburg PA
CBHW060135100426
42744CB00007B/796